高校体育教学理念及模式创新研究

李曦 / 著

中国青年出版社

图书在版编目（CIP）数据

高校体育教学理念及模式创新研究 / 李曦著. 北京：中
国青年出版社，2025.1. --ISBN 978-7-5153-7521-2

Ⅰ．G807.4

中国国家版本馆CIP数据核字第2024VB9274号

高校体育教学理念及模式创新研究

作　　者：李　曦

责任编辑：刘　霜　罗　静

出版发行：中国青年出版社

社　　址：北京市东城区东四十二条 21 号

网　　址：www.cyp.com.cn

编辑中心：010-57350508

营销中心：010-57350370

经　　销：新华书店

印　　刷：河北赛文印刷有限公司

规　　格：710mm×1000mm　1/16

印　　张：12.75

字　　数：210千字

版　　次：2025年1月北京第1版

印　　次：2025年1月河北第1次印刷

定　　价：68.00元

如有印装质量问题，请凭购书发票与质检部联系调换。联系电话：010-57350337

序　言

随着时代的发展，中国的教育水平随之提高。"健康中国"战略的落实和"全民健身"的要求使得高校的体育教育越来越受重视，体育教学也有了长足的发展。高校体育教师逐渐意识到体育与体育教学的密切关系：只有体育与体育教学相互促进，并把体育和体育教学有机结合起来，才能保证体育教学的效果，提高体育教学的质量和水平。

在"全民健身"体育战略的促进下，高校体育面向广大的受教育群体，肩负着促进大学生群体身心健康发展和社会性发展的重要责任。面对新的形势，必须坚持改革与创新，才能更加科学地实现体育教育的多元教育功能，培养出适应现代社会发展的高素质人才。高校体育教学在增强大学生体质、促进大学生身心健康发展、培养大学生良好的个性品质等方面发挥着重要作用。高校大学生体育竞赛活动是高校体育工作的重要内容，也是高校体育教学的拓展与补充。为适应当前社会对人才素质的要求，全面实施素质教育，高校体育教学要锐意改革、勇于创新，推动我国高校体育教学改革。高校体育教学改革有利于促进建立新的教学理论体系，促进体育教师更新观念，并通过素质教育培养大学生独立思考、勇于探索、不断创新的能力，从而引导大学生形成正确的体育价值观。

在撰写本书的过程中，笔者得到了许多专家、学者的帮助与指导，参考了大量的学术文献，在此表示真挚的感谢。由于水平有限，书中难免会有疏漏之处，希望广大同行不吝指正。

目　录

第一章

高校体育教学概述

第一节 体育教学的概念与性质

一、体育教学的概念

（一）教学的概念

"教学"是一种动态行为，是教学工作者对具体的学科或技能组合进行的一种有组织、有计划的教学行为。下面从宏观和微观两个角度来分别对教学的概念进行界定。

1. 教学的宏观概念

从宏观角度来讲，教学是一种特殊的教育活动，它是指教学者以一种或多种文化为载体对受教育者进行教育，从而使受教育者获得这种文化的活动。教学者是指掌握某种知识或技能的人，他与接受教育的人共同构成教学活动的主体。

2. 教学的微观概念

从微观角度来讲，教学是一种直观的教师进行教授、学生进行学习的活动。在这个活动中，教师是教学的引导者，是教学活动的组织者和知识的传授者；学生是教学的"受众"和主体。简言之，教学是一种以特定文化为对象的"教"与"学"的活动。

总的来说，教学是一种教育活动，这种活动需要教师和学生的共同参与，并为了实现某一具体的教学目标而相互协作。

（二）体育教学概念的界定与解析

1. 体育教学是一门学科

体育教学由体育教学目标、教学内容、教学方法、教学评价等多种要素共同组成。

体育教学是一门特殊的课程教学，它以发展学生体能、增进学生身心健康为主要目标，并与德育、智育、美育、劳育相配合来促进学生身心的全面发展。体育教学最重要的教学组织形式是课程教学。具体来说，体育课程教学的开展主要是为了实现教学目标，促进学生德、智、体、美、劳的全面发展，同时促进学生体能与身心健康发展。当前，体育课程教学只注重学生对体育运动的知识与技能的学习与掌握，而对学生的体育实践活动、情感发展及适应社会的能力的关注度还不够。

2. 体育教学是一项体育活动

体育教学是有目的、有计划、有组织的相关体育活动的组合。现代体育教学是为了使学生在身体、运动认识、运动技能、情感和社会方面和谐发展的有计划、有组织的活动。通过体育教学，学生不仅要对理论知识加以了解与熟记，还要在参与实践活动的基础上，对一定的运动技能进行掌握，达到相应的技能标准与要求。

3. 体育教学是教育的一部分

体育教学是在教师的指导下，从生物科学、教育学、心理学、社会学、哲学等学科中获得知识，在体育与健康方面有计划、有目的、有组织的以身体锻炼为载体的活动。体育与德、智、美、劳的教育课程相配合，共同促进学生身心全面发展。现代体育教学中，除了运动能力方面的教育还有些许欠缺，在体育运动与体育活动、训练方面的教育都已较为成熟，能够提高学生的基础修养。作为教育的一部分，体育教学的部分内容与方法也是素质教育内容和方法的体现。

二、体育教学的性质

一事物与其他事物最根本的区别主要由事物的性质来决定，性质不同的两种事物自然有一定的差异。体育教学和其他学科教学最根本的区别就在于它本身所具有的体育教学性质。这种体育教学性质使其表现出以下几方面的特点：①体育教学活动多在户外开展，但体育课堂教学在室内场馆开展的情况也较为常见；②体育教学过程中，师生都要承受一定的运动负荷与心理负荷；③教学过程是身体活动与思维活动的结合，并且有比较频繁的人际交往；④体育教学侧重发展学生的身体时空感觉及运动智力；⑤体育教学更加重视学生的自我操作与体验等实践能力。

体育教学活动中，最重要的教学形式就是体育运动技能的教学，它是体育育人的主要方式，对运动技能的传授也是体育教学与其他学科教学的主要区别。在体育教学中，学生全面掌握体育运动技能，需要经过若干教学阶段（认知阶段、练习阶段与完善阶段）才能实现。具体来说，在体育运动技能的认知阶段中，学生与体育运动技能之间的联系最为密切。该阶段教学的主要目的就是学生对所学技能的结构、关系、力量、速度等要素进行表象化的认识。从这一角度来看，体育运动技能教学仅仅是学生提高身体素质、完成技术动作的一种方法。因此可以认为，运动技术不具有人的特性，而只是一种"操作性知识"。

通过以上论述，我们可以认识到，体育教学的本质就是一种针对运动技术和知识的教学。在体育教学中，学生学会了运动知识并将其转化为运动技能，则体育教学的目的就达成了。

第二节　体育教学的特点与功能

一、体育教学的特点

体育教学与其他学科教学有许多相似的特点。首先，它们的共性在于都属于教师与学生的双边活动（这是所有教学活动的共性）。教师与学生在教学活动中产生的多种形式的交流非常频繁，如语言上的交流和肢体动作的交流等。过往这种交流更多的是从教师向学生的方向，现代教学同样注重使这种交流从学生向教师的方向，不过教学仍旧依靠教师对学生在某种知识和技能方面的传授。其次，以班级为单位开展教学活动也有共性，只不过有些时候一个班级的组成方式会根据不同需要有不同的编排，如可以根据基础的自然班，或是根据学生的不同兴趣组成体育教学班等。最后，体育教学与其他学科教学的目的都是一样的，即都是传授某种知识或技能。

结合体育教学的性质，可以把体育教学独有的特点归纳为以下几点。

（一）教学过程的直观性

体育教学过程具有直观性特点。这种直观性有多种体现，如体育教师对体育教学内容的教授，除了要达到与其他学科教师讲解要求一致外，还要求体育教师的语言更加生动，并且要富有稳定的肢体表现能力，以使学生有形象、贴切、有趣的感觉。在某些具有较难技术动作的体育运动教学中，教师一方面要对传授的重点进行艺术性的描述，另一方面还要用生动的语言、巧妙的解释方法把复杂的技术动作简单化，提升学生对学习成功的自信心，加深学生对教学内容的感知。

实际上，体育教学过程中的每一项内容都具有直观性特点。除前面说到的课堂讲解，在实践演示中也是如此。在教师运用示范法时，需要运用非常直观形象的动作示范，其中包括正确动作的演示和错误动作的演示。这样才会使学生从感官上直接感知动作的正确与错误，以利于他们建立正确的、清晰的运动表象。当学生获得正确表象后，才能使之与思维结合起来，从而达到掌握体育知识、技术和技能的目的，同时，还发展了自身的观察能力和形象思维能力。

从体育教学组织与管理过程方面，也能够看到直观性的特点。鉴于教学过程的直观性，教师的行为也应该带有直观性，如要更加富有责任心、为人师表、德高望重等，这对学生的身心也是一种无形的教育。另外，直观性特点使得学生在课堂的表现都是最真实的、最直接的，任何伪装在体育教学活动中都是毫无意义的。因此，学生在教学中表现出来的言行都是他们最为真实的一面，这就非常有利于体育教师对学生的观察，有利于体育教师获得真实的教学反馈。

（二）体育知识的传承性

体育是以身体锻炼为主要形式的教育活动。从教与学的角度来说，可以将体育知识形容成一种"身体的知识"。这种知识伴随人类的发展而发展，在不同时期都有它的形式，如在原始社会，身体的知识就是人类通过走、跑、跳、投、打等动作捕获猎物或逃避猛兽的追捕等行为。而在现代社会中，体育知识的传承内容变成了某项体育运动或体育技能，如足球、篮球、排球、乒乓球、游泳、田径和武术等专项运动技能。

现代教育越发注重教学过程中学生的主体性作用和"以人为本"的教育理念。体育教学所传承下来的体育知识已经超越了简单的模仿行为，而将更多的相关文化融入其中，这些体育文化才是体育运动、体育教学等获得长久传承的动力和灵魂。

（三）身体活动的常态性

体育教学与其他学科教学的最大不同就在于在体育教学过程中充满了对身体活动的要求。在体育教学中，绝大部分内容涉及身体活动，或者是为即将到来的身体活动做准备的活动，这就是对作为"身体知识"的体育教学的最好诠释。在体育教学过程中，不仅是学生要进行具有一定运动负荷的运动，教师在做示范、做指导和参与组队教学过程中也需要付出不少体力。所以体育教学身体活动常态性的特点不只针对学生，它适用于所有体育教学主体。

由此可见，在体育课堂教学过程中，教师与学生的身体操练非常频繁，几乎常态化，是体育教学的显著特点。与之相比，其他学科的教学必须在教室（实验室、多功能厅）进行，且要保持相对的安静，这样才能激发学生的思维并产生很好的学习效果。而体育教学却刚好与之相反，其教学的地点多为户外或专用运动场馆，普遍较为宽阔，而且大多数时间内的运动技术练习环节并不需要刻意保持安静，学生之间、学生与教师之间都可以随时进行相关的交流和沟通，如此才更有利于对运动技术的学习。

（四）身体与心理的统一性

实则不然，现代科学研究发现，身体健康有助于改善心理健康，而心理健康与否也会影响身体健康。另外有一种观点认为，开朗的人热爱体育运动，而事实上是因为人参加了体育运动，才开始变得开朗、阳光的。这就是典型的运动改变心理的事例。因此，在体育教学活动中充满了身体与心理统一的特点。

体育教学还能促进人的心理与多种适应能力的发展，而在其他学科的教学中便无法达到这样的效果。这主要在于体育教学营造了不同种类的教学情境，这种情境表现出了十足的阳光、生动、积极、外露以及直观的感觉。一系列积极的情境使得参与其中的学生在潜移默化中受到感染，为他们的心理与社会适应能力的健康发展提供了良好的环境。

在体育教学活动中，人的身心发展看似是多元的，但实际上是一元化的锻炼，即达到身体与心理的共同拓展和发展，表现出十足的统一性。身体发展是基础，心理发展依赖于身体的发展而存在；心理的发展同时促进身体的发展。

具体来看，在体育教学中人的身体与心理的统一性主要体现在以下两个方面。

1. 体育教学的教材内容选择要注重身心统一

体育教学内容是体育教学活动的依据。教学内容的好坏将直接影响教学效果。因此，为了体现出体育教学身心统一的特点，首先就要从教材选择环节开始。也就是说，选择的教学内容要对学生身体各部分、各种运动能力和各种身体素质有积极影响，而且要注重教材对学生心理及其社会适应力的影响，所选教材的编排要符合该年龄段学生的心理特点。除此之外，还要满足美学、社会学等其他方面的要求。

2. 体育教师选择的教学方法要注重身心统一

由于与其他学科的教学相比增加了更多的内容，因此，体育教学的方法也就更加丰富。选择体育教学方法主要是由体育教师进行的，为了使体育教学保有身心统一的特点，在选择体育教学方法的时候就要关注这方面的内容。通常为了体现这一特点，体育教师选择的教学方法都要遵循与学生年龄段相适应的身心变化规律，使学生在经常进行的体育教学活动中学习到正确的体育技术和技能，而学生掌握这些技能的成长曲线并不是一路向上的，有忽高忽低、忽快忽慢的过程和起伏。另外，体育教学方法的选择还应符合学生的心理特点和年龄特点。与对体育技能学习的规律相似的是，学生在接受教学的同时其心理活动也呈现出波浪式起伏的曲线现象。这种生理、心理负荷波浪式的曲线变化规律，体现了体育教学鲜明的节奏性和身心的和谐性、统一性。因此，要想选择正确的、适合学生身心发展的体育教学方法，体育教师就必须考虑学生的身心特点。如此才能在促进学生身体发展的同时，有效激发学生的积极性和兴趣爱好，更有效地发挥体育教学的功能。而根据不同阶段学生的身心特点选择恰当的教学方法，也是评判一位体育教师综合水平的重要依据之一。

（五）教学内涵的优美性

体育教学内容是非常丰富的，它会涉及多种与体育相关的内容，不仅包括球类运动、游泳、田径，还包括体育舞蹈、瑜伽等内容。通过对这些内容的学习，学生普遍可以从中体会到源自体育的丰富情感，这种情感绝大部分从"美"中而来。

体育教学内容丰富的情感性首先体现在体育教学过程中，师生可以体会到只有体育才能赋予人的人体美和运动美。学生通过接受体育教学，掌握体育健身的方法和技能，来达到运动塑身的效果，使身体外在形态保持优美的线条和良好的身材比例。在运动中，可以看到人体不同的动作展现出的动作美和肌肉的动态美，这是一种极为外显的美。在内在精神方面，体育教学也蕴含着"美"的元素，如学生为了争取比赛的胜利而表现出的不畏强手、奋勇争先的精神；在关键时刻始终保持冷静的心态，或是在运动过程中表现出谦虚、文明和有道德的风度等。

既然有美的存在，那么就要有欣赏美的人和能够欣赏美、懂得如何欣赏美的能力。每一项运动都向人们表现出了不同的美的特点和审美特征，如球类运动可以表现个人对球类技术的掌握能力，集体球类项目中除了个人能力外，还包含与队友之间的协作和互助精神。这些内容都是人类积累下来的体育知识与技能，体育教师通过科学的概括和提炼，将其精髓传授给学生，使学生也能感受到体育中蕴含的美，并学着去享受它、感悟它。体育之美的最大作用就是陶冶情操，平衡人们的心理状态。此外，体育教学是一项创造性的社会活动，其创造的成果就是让学生获得内在的顿悟和精神上的启迪。同时，体育教学中教师和学生之间有一条无形的通道联系着，构成了教与学的系统。教师在传授知识的过程中，伴随师生间丰富而真诚的情感交流。

（六）客观条件的制约性

正是因为体育教学涉及的内容较多，再加上与之相关的构成要素同样较多的缘故，使得体育教学会受到更多客观条件的制约，而这也是体育教学不同于其他学科教学的一大特点。具体来说，体育教学活动受到的制约主要有体育教学场地条件、器材、气候、学生运动基础、学生其他基本情况（年龄、性别、生理和心理特点）等。

学生是体育教学的主体之一，是体育知识与技能传授的受众。从这个角度来看，学生的诸多情况会对教学本身造成一些影响，因此体育教学要想进行得顺利，获得良好的教学效果，就要注重在学生的运动基础方面以及体质强弱等实际情况来区别对待。这些差异具体有男生与女生不同的身体形态、机能水平、运动能力等，因此学校体育教学部门和体育教师在进行教学设计、教材选择和教学组织等方面就要考虑周全，否则不仅不能达到预期的教学效果，还可能增加体育教学的风险。

体育教学环境是体育教学的场所。作为重要的教学载体，体育教学环境质量的高低会对体育教学产生较大影响。如遇到雨、雪、大风等恶劣天气时，体育室外教学被迫停止，转而来到室内进行一些体育理论课的教学，如此势必影响体育实践课教学计划的顺利展开。综上所述，在诸多客观条件的制约下，为摆脱不利条件的影响，体育教师就要从学年的体育教学计划到具体课时计划，从教材内容选择到教学组织方法实施都必须考虑到这些客观实际与影响因素，尽量将制约因素的影响程度降至最低，提高体育教学的质量与效果。

二、体育教学的功能

（一）促进身体发展的功能

学生亲身参与体育运动实践在体育教学活动中是必不可少的，而既然参与运动实践，就必然会使身体承受一定量的运动负荷。为保证学生身体的健康，运动负荷强度需要由体育教师酌情掌控。

合理的运动负荷对发展学生身体素质有极大的帮助，它对学生的肌体或多或少会产生一定的刺激与影响，其影响的程度要视运动项目的内容、学生的身体素质、持续运动的时间、运动间隙时间、营养补充等状态而定。而不同运动项目对身体的锻炼重点也有很多区别，如足球运动对人体的耐力、爆发力、速度和灵敏度有着较高要求；游泳对人体心肺功能和协调能力有较高要求等。由此可知，体育教学具有促进身体素质发展的功能，但同时也要注意的是，如果运动负荷过大，那么体育运动不仅对身体健康没有好处，反而会伤害学生的肌体。为了把握合理的运动负荷，就需要体育教师在制订教学计划前对学生的普遍体质与运动基础有一个基本清晰的认识。因此，从体育教学影响身体功能的角度而言，要有效发挥体育教学健身功效，必须遵循体育教学的规律，运用科学的教法与组织形式，才能达到预期的效果。

（二）促进心理健康的功能

世界卫生组织确定的现代健康新标准中明确认定心理健康也是评定人体健康的指标之一，我国自古也有"身心合一"的理论。经过长期的实践发现，体育教学在对学生身体产生积极影响的同时也会对学生的心理与思想产生影响，这方面的影响与其他学科的影响既有共性，也有差异性。体育教学促进心理健康的功能主要是通过教师传授来实现的，因为教师的一言一行影响着学生的思想，因此教师必须身体力行、为人师表，为学生作出表率。教学更为重要的作用是传授人类社会的各种道德、规范与理念，这是学生走向社会之前的必学内容。

具体来说，体育教学对学生心理的影响主要包括个人心理与团体心理两个方面。

从个人心理方面看，体育活动一方面可以缓解学生的学习压力，另一方面，参与体育运动就要频繁地面对成功与失败，由此可以培养学生在逆境中保持良好心态的能力（作为胜利者也要做到戒骄戒躁），只有具备这样的素质，才能再接再厉，取得成功。

从团体心理方面看，学生作为体育运动团队中的一员，需要处理好个人利益与集体利益的关系，应抱有克服一己私欲、顾全大局的思维行事。

（三）提升社会适应的功能

现代社会的发展非常迅速，这使得人们稍有停留便会被潮流抛弃。对于青年来说，紧跟社会潮流，并且在跨入社会后能够与之较好地融合、适应是非常关键的，这是体现人的软实力的标准之一。在体育教学中，学生之间的交往具有特殊性、外显性与频繁性；学生在多样的体育活动中会产生多种身体的交流；交流的同时也传播着各种体育竞赛的规则；竞赛规则就好似社会规则，需要人人自觉遵守。由此可以说，体育教学环境就像是一个微缩化的社会，这个社会赋予了学生需要遵循的各种规则与准则——若不遵循，必然受到惩罚；若表现突出，则得到表扬称赞。执行这个法则的人就是教师。因此，教师必须公正，才能对学生产生良好的影响，培养学生良好的体育道德规范，进而培养学生适应未来社会的各种道德规范与做人理念。

（四）传授运动技术的功能

在远古时期，运动技能等同于生存技能。那时的人类通过走、跑、跳、投、打等行为捕猎和采摘，以获得维持生存的能量。而现代社会早已物质丰富，现代运动技术演变为了丰富的体育运动技术，如球类、武术、田径和游泳等，体育教学就是传授这些运动技术的最好方式。科学研究表明，适当参加体育运动对人的身心素质提升均有较大帮助。

从具体的实践角度来分析，学生们每周都要参加的体育课堂就是体育教学的最小单位；体育课堂的基本活动过程就是体育教师以体育教学内容为依据，对学生传授体育知识与相关技能的双向信息传送活动。因此，运动技术就成了体育教学的主要内容（也是重要内容）。运动技术的学习不同于其他学科的学习，它不仅需要学生对运动理论有深刻的了解，还要身体力行地参与技术练习，在无数次的重复中逐渐建立起对技术的表象反应，最终达到熟悉动作以及可以在下意识的情况下做出正确的动作。因此，对于运动技能的训练，没有实践就无法学会。

对于运动技术的传授，体育教师是关键。作为运动技术的掌握者和传播者，教师在体育课中传授各项具体运动技术，如足球运动中的传球技术，甚至可以细分到内脚背传球技术。其他运动项目的技术传授也可以以此类推。体育教师对运动技术的传授通常都会从简单的、入门的、基础的入手，在此之后逐渐积累，循序渐进——只有从小的运动技术学起，才能积少成多，让学生掌握整个运动项目的技术。

（五）传承体育文化的功能

体育教学并不仅仅是体育运动技能和相关知识的传授活动（这些只是表面上的行为），其真正的目的在于教会学生正确的体育运动方法，使体育运动方法能在未来对学生身心产生持续的良好的影响。也就是说，体育教学的目的更在于一种体育文化的传承。

从体育教学的系统结构视角出发，体育教学是由每周2~3次的体育课组合而生成的一种贯穿全年的教学计划。其中根据教学周期的不同可以分为课程教学、周教学、学期教学和学年教学。比学年教学周期更长的就是小学体育教学、初中体育教学、高中体育教学和高校体育教学。

从单一一堂体育教学课的视角出发，可以把体育课中练习的各种小的运动技术累加起来，学生学到的是某个运动项目的完整技术，继续累加，就学到了各种运动技能。

综合两种视角，使得学生通过不同阶段的体育教学，学习到较为完整的运动知识、运动文化，掌握各种运动技能，从而实现体育教学传承体育文化的功能。

第三节　体育教学的结构与原理

一、体育教学的结构

（一）体育教学结构模式

体育教学活动存在于一定的时间控制与空间形态中。时间控制主要表现在教学方法的安排序列上；空间形态主要表现在教学组织形式上。教学结构是实现教学目标、实施教学内容、贯穿教学方法和教学组织方式的必要保证。课堂教学结构是目标、内容、教法的纽带，因此教学结构模式的设计历来都是教学研究的重要课题。

1. 当前我国体育课堂教学结构存在的主要问题

目前我国体育教学中，以运动技术、技能为主要内容，并需要完成多个教学目的的综合课（大多数教师也习惯于传统的"综合课结构"），每堂课都遵循由"组织教学、复习巩固、讲授新知、巩固新知、布置练习"演变而来的体育教学结构。这样的结构看似完整规范，但也存在以下弊端。

（1）知识中心的教学结构跟不上教学目的的发展进程

传统课堂的教学结构是以传授运动技术技能为中心、"为教技术而教技术"的知识中心教学结构。然而教学目的的基本内容结构应该为"个性和谐发展观"，且这个教学目的在不断发展。目前的体育教学知识中心的教学结构，远未跟上教学目的的发展进程。

（2）以"教"为中心的课堂教学结构忽视了学生学习的主体性

体育课堂教学大多采用"分解教学—练习—分解教学—练习—完整教学"的递进式结构，缺乏对运动的整体感知，缺乏对学生已有的运动技能和新运动学习的"矛盾"设计，忽视了学生认识活动的心理过程，没有反映出学生学习的规律和主体积极性。

2. 新型体育课堂教学结构模式

新型体育课堂教学结构模式主要构成因素为完整的课堂教学论结构、灵活多变的教学法结构和有序递进的心理逻辑结构。

（1）教学论结构

体育教学理论是研究和说明体育教学的现象、基本因素、本质及内在规律的理论。教学论结构反映了学科内容、教学逻辑和包含特殊认识过程的三个基本阶段，是组织课的一般指令、一般做法。

（2）教学法结构

教学法结构是组织一节课的总指令和总算法，是紧密联系的统一体，是相对稳定的。教学法的实施顺序和方式可以经常变化，并可以通过某种教学法展开并具体化。如情景和问题教学法，课的开始阶段是通过创立问题情境或提出假说等方式引入新的知识，在解决问题或论证假说的过程中附带现实化，也可能从检查或复习上次课所学习的知识开始，视课堂教学目标和教师灵活运用的教学方法体系而不同。

教学法结构的因素就是教师的"教"和学生的"学"所构成的各种活动种类，如讲述、模仿、练习、巩固，等等，是教学的具体体现。"教""学"的可变性为教师的创造性、学识和教学法技巧提供了空间。

教学组织形式也是其中重要的因素。可以分小组教学与班级教学的协调，即"班级教学—小组教学—班级教学"。集体同授的主要目的是培养学生对整体知识的感知，营造群体学习心理氛围和为后续的分小组学习做准备。分解教学采用小组学习的方式，主要体现在学习新技能的阶段。最后再进行班级教学，这里的"合"，是反馈教学情况，通过讲评小结，提示重点难点，是知识条理化、结构化的整合过程，并对于"合"中反馈的问题，进行教学回授和纠正。"合—分—合"的操作，既可单轮分合，也可多轮分合。其轮次取决于教材、教学需要及教师的教学控制能力。

（3）心理逻辑结构

心理逻辑结构是联结教学论结构和教学法结构的内部逻辑环节。掌握知识的过程总是从对事实、事件、规则等的"感知"和"意识"开始，然后由比较、对比、解释等方式引导学生对新知识"理解"和"领会"，最终将新知识"概括"地融入以前掌握的知识体系中。心理逻辑结构只能通过教学法来表现，如"复现"通过提问、练习等表现出来；"理解"通过正确回答、分析运动结构、技术正误判断和正确运用（技术、原理、规则）

等表现出来；"概括"通过正确组合知识的结构，确定新知识在已掌握的知识体系中的地位等表现出来，等等。

在课的内部结构中还以是否包含探索性活动的步骤而分为两种不同结构，一种是复现性掌握的课（非问题性教学的课程），另一种是创造性掌握的课（问题性教学的课程）。

由上述可见，在学校体育课堂教学的结构模式中，保证外部教学法结构与内部心理逻辑结构的最优组合，是成功设计一堂课的关键，是课堂教学结构的灵魂。

3.新型课堂教学结构模式所孕育的功能

（1）课堂教学结构模式体现了教学过程的矛盾和矛盾的发展过程。从课堂教学结构模式的整体结构上分析，"再现已知的知识，在新情况下理解原有知识"和"建立问题情境，提出问题"，形成学生已有能力和知识水平与新授知识之间的矛盾；"感知新教材，思考理解"和"提出设想和假说"，形成解决教学矛盾的过程；"概括，运用"和"检查解决问题的正确性"则解决矛盾。教学矛盾贯穿整个课堂教学结构，并成为引导和带动整个课堂教学过程的动力。结构开始阶段的"教"属于矛盾的主要方面，而"学"是次要方面，教师的主导作用使教学的主要矛盾由"教"落实到"学"，最终使学生成为占支配地位的教学主体。

（2）课堂教学结构模式突出体现了学生的主体性。课堂教学结构模式的"完整教学—分解教学—完整教学"有利于学生的运动体验和对运动的整体感知，是引导激发学生主体积极性的重要结构；"班级教学—小组教学—班级教学"，发挥了学生主体能动性和小集体思维的小组教学作用，适用于学生的需要、兴趣、爱好、能力和发展潜能，有利于实现学生个性充分和谐地发展。

（二）体育教学的结构生成及其社会功能

体育教学是一个复杂而有规律的系统，由多个要素组成，在推进体育教学的改革和优化过程中，对教学结构进行分析，能全方位加深对体育教学的认识，同时加深对体育教学社会功能的认识。

1. 体育教学的本质和教学结构

体育教学是由多种要素构成的，如教师、学生、课时、教材、教学方式、教学反馈等。其中，教师和学生是体育教学结构的基本要素。另外，体育教学要以实现体育课程为目标，以教材和体育器材为载体，在一定的场地环境下进行系统性教学。

体育教学是团体教育，更是终身教育，也是情感交流和身体发展同时进行的教育，因此体育教学的结构生成应当融合个人认知、情感交流和身体发展。

（1）个人认知

一般来说，学校教育在个人认知能力方面的主要表现形式有三种：一是概念性认知，即通过语言等形式形成对外界的概念性理解；二是形象认知，即通过一定的形象或者对某个形象的想象形成对外界的认知；三是运动性认知，即通过身体与外界的接触形成的认知。

体育教学属于运动型认知，从而确立了体育教学在教学体系中的地位。另外，在体育学习中，学生首先通过语言和文字了解基本体育知识，然后通过示范对体育动作形象有所了解，最后通过身体对体育运动产生认知。

（2）情感交流

体育教学能使学生在运动和竞技中不断地发现自我，完善自我。因此创造良好的情感交流环境，也是体育教学结构中的一个重要组成部分。情感交流能激发学生学习体育的兴趣，满足学生的表现欲，实现情感的交流和满足。

（3）身体发展

体育教学直接通过身体对世界产生认知，其教学结构首要的就是促进身体的全面发展。一方面应通过多种方式进行体育锻炼，培养健壮的体格，另一方面应建立正确的体育意识，培养意志力和竞技精神。

2. 体育教学的社会功能

（1）学校整体社会功能的组成部分

体育教学是学校教学的一个重要组成部分，因此它的社会功能发挥也包含在学校教学的社会功能中。学校教育的直接作用是帮助受教育者成为一个独立完整的人，形成个人的"文化形成"。而受教育者的"文化形成"也是把他归属到社会群体中的一个重要考核标准，并且促使受教育者本人在社会中发挥不同作用。

受教育者的"文化形成"是由接受各个学科知识的传授形成的一个整体系统，因此体育教学的社会作用是帮助学生形成自身的体育文化。

另外，人类社会的不断发展形成了多种多样的文化，体育文化就是其中之一，而体育教学正是对人类社会体育文化的传承。

（2）提升学生全面素质

体育的目标是强身健体，增强体质，磨炼意志，学校的体育教学通过多种方式和教学手段来实现这个目标。在体育教学中打下的身体基础，有助于增强学生适应社会环境和自然环境的能力，这也是人生存的基本能力之一。人是社会的组成部分之一，个人身体素质的提升，是构成全民身体素质提升的基础。

（3）提升人际关系等社会交际功能

人际交往是社会活动中必不可少的一部分，也是个人适应社会的一种必备能力，在社会发展中起着信息交流、情感沟通的重要作用。体育教学的教学方式和教学目标，在帮助学生锻炼身体、增强体质的同时，也在锻炼学生与他人沟通的能力。首先是学生和教师的沟通和互动，其次是学生之间的互动。另外，体育教学能培养个人对团体或者集体的社会需求心理。

（4）促进心理健康

体育能保持人的心理健康，缓解现代社会所带来的种种压力，在提高人身体素质的同时，促进心理状态的良性发展。因此体育教学能对学生的心理状态产生积极影响。体育是一种个人与团体互动的过程，在身体得到锻炼和舒展的同时，会对人的心理产生极大影响。适当的体育运动能化解心理的孤独和悲伤情感，激发人的积极性和主动性。学校体育教学在学生性格养成中发挥着重要作用，能够增强学生的自信心和意志力。综上所述，体育教学是一个完整的教学体统，其内部构成要素和结构之间的关系直接影响体育教学的效果，促使学生通过体育教学获得身体、心理和精神上的满足，体验情感交流的快乐，并且形成体育文化修养，养成终身体育的意识。体育教学不仅注重"体"，更注重"心"，让学生在体育教学中认识体育运动的本质，从而建立正确的体育意识。

二、体育教学的原理

体育教学原理简单来说就是进行体育学习或者教学的时候的一些规律，同动作的难易程度、性质，学生自身的一些条件、努力的程度，老师的教学水平及设备和气候有着直接关系。

（一）学习运动技能的规律及影响技能掌握的一些要素分析

通过对于运动技能的一些学习规律的研究，现在得到认可的研究成果主要有两种：首先是整体结构理论，在进行技能学习的时候主要分为认知阶段、联结阶段及自动化阶段；其次是联结理论，在学习技能的时候主要分成三个各具特点却又相互联系着的阶段，也就是局部动作掌握的阶段、整个动作能够初步掌握的阶段及对动作进行完善和协调的阶段。对学生运动技能的掌握产生影响的因素很多，主要在反馈和练习两个方面。在进行练习的时候，影响因素主要是进步的实际情况、练习的时间方面的分配、练习的方法是否正确。若是学生进行单纯的动作学习，取得的进步是比较小的，学生对练习结果的了解程度也会直接影响效率的提高。

（二）运动技能教学在"会能度"的基础上的教研规律

在进行体育教学的时候，教学规律有一定的共性，但是由于项目的不同，教学方法和时间的安排都会有一定的不同，这也是教学的个性，此处针对教学个性进行分析，探讨和"会能度"有关的教学规律。

1. 教学时数和运动技能"会能度"分类之间的关系

（1）会与不会区别比较明显的运动技能。在教学的时候，蛙泳和独轮车这两项运动会与不会之间区别比较明显。根据调查显示，蛙泳需要12个学时才能够学会，而独轮车的直线骑行则需要10个学时。用时比较长的主要原因在于运动的复杂程度，蛙泳和独轮车的直线骑行都是比较难的。在对这类项目进行教学的时候应该安排的时间长一些。

（2）中间型的一些完整运动技能。这些运动技能不是很复杂，但是包含的元素比较多，和学生的日常生活有一定的关系。这种技能由于包含了多元动作和单一动作两种，所以在教学安排的时候应该根据实际情况进行选择。单一的运动可以安排小单元或者中单元的教学，而那些多元动作结构的技能则应该根据实际情况安排大单元或者中单元的教学。

（3）会或者不会区别比较小的运动技能。这一类的技能包含的动作和元素都比较少，并且也很简单，和我们的日常生活联系紧密。所以在教学的时候难度比较低，学生稍微学习或者是不学习都能很好地掌握。这一类的运动在教学中，可以安排较少的时间进行练习。

2. 教学方法和运动技能"会能度"分类之间的关系

（1）采取分解教学法进行教学，将运动的完整技能分成几个小的部分，一段段地进行动作教学。分解法主要包括的类型便是"简化法""部分法""分割法"。

对于那些会或者不会区别非常明显的运动技能，采取分解法教学能够使整个运动简化，根据其复杂性的特点可以通过掌握运动的部分来进行整体的掌握。并且由于运动技能有一定的组织性，各构成部分之间有一定的联系，特别是先后顺序，再加上动作的重复性比较低，这也给分解教学提供了方便。但是会与不会区别比较明显的运动本身比较复杂，技能自身的空间组织性是有一定区别的。比如说进行篮球的跳投，其空间组织性比较强，在进行教学的时候，不能够采用分割法，而可以采用简化法来进行教学，在保证动作完整的基础上，降低其难度。

对于那些中间型的运动技能，也能够采取分解法的办法教学。这一类运动本身具有复杂性，但是这类运动对时间和空间的要求比较低，所以可以采用分解教学的办法。

（2）运用完整教学法。这种教学方法是指整个动作一次性教完，对于那些比较简单并且组织性比较强的运动比较适用。

中间型运动技能中的分立运动自身的复杂性比较低，包含的元素比较少，还有一些中间型的运动对于时间和空间的要求很高，不能进行分解，所以可以采取完整教学的办法进行教学。

那些会或者不会不存在区别的运动技能，其本身的元素比较少，并且对空间和时间的要求比较高，不能够进行分解，所以可以采取完整教学的办法来开展教学。

（3）教学步骤和运动技能"会能度"分类之间的关系。进行体育教学的时候，教学步骤应该是比较清晰的，老师在进行教学的时候，必须明确每个步骤之间的联系和关系。对于那些比较难的运动技巧，老师可以先进行分解，学生掌握了部分之后，再采用完整教学的方法，将每个步骤联系在一起。研究运动技能教学对于体育学理的主要意义在于把握教学中的规律，让学生更好地掌握每个动作；老师也可以通过教学得出更多的经验，更好地进行教学。

第四节　体育教学的原则与规律

一、体育教学的原则

原则，即人们说话办事依据的准则和标准。教学原则，则是根据各种不同的教学因素，把同类性质的因素加以科学地抽象和概括而形成的原则（如直观性原则、自觉性原则和教育性原则等）。体育教学原则，是体育教学过程客观规律的反映，是在长期的体育教学实践中积累起来的，是具有普遍意义的经验的总结和概括，是体育教师进行教学工作必须遵循的准则。体育教学原则与其他的原则不同，体育教学与其他的教学也不相同，最根本的不同在于体育教学更突出认识和实践。从而得出，认识和实践的有机统一是体育教学区别于其他教学过程的根本特征。体育教学的最终目的，即希望教师合理地运用体育教学原则，从而促进学生的身心健康全面发展。

（一）我国的体育教学原则

体育教学原则在各个不同时期有不同的发展，不同的国家，体育教学原则略有不同。我国的体育教学原则一般有自觉积极性原则、直观性原则、从实际出发原则、循序渐进原则、全体全面发展原则、合理的运动负荷原则、巩固提高原则。随着社会的不断发展，教育学、心理学、社会学、教学论、方法论及体育科学的发展，人们对体育教学原则的认识不断加深，对体育教学原则体系的研究形成了多种不同的思想观念。体育教学原则并不局限于这些原则，并在这些原则体系的基础上进行逐步完善，教学实践过程的指导也越来越科学。体育教学原则不再仅仅重视体育教学的学科性、健身性和思想性，而且开始关心学生身心健康的全面发展和人文精神的培养。这也是受学校体育指导思想和对体育教学规律认识影响的必然结果。

（二）体育教学原则的运用

体育教学原则保证体育教学的顺利进行，所有的教学原则相辅相成。

1. 直观性教学原则

直观性教学原则要求教师给予学生一个正确的直观概念，应抓住重点，生动形象、语言简洁明了地进行讲解，可以让学生对一个动作进行反复练习，使学生的感觉器官建立暂时的神经联系，形成正确的动作定型。比如在练习太极的过程中，教师将太极"抱球"的手势这一动作传授给学生，手掌的五指分开，好像双手之间抱着一个球。对学生而言，其模仿力较强，这一原则是体育教学最为有效的原则之一。

2. 巩固性教学原则

巩固性教学原则有助于学生动作的熟练和形成更加标准的动作，目的就是能多加练习，熟能生巧，形成肌肉记忆。比如在篮球运动项目中，学习篮球运球、急停、转身、传接球时，为了巩固转身这个动作，可以把急停、转身、传球贯穿进去。在网球教学中，长时间不练习网球发球，那么抛球的稳定性、发球的成功率均会下降，此时就需要多加练习进行巩固。这一原则尤其是对刚接触项目的学生而言，能够更好地巩固练习成果，形成正确的技术动作。

3. 合理的运动负荷原则

合理的运动负荷原则要求教师在上课期间根据教材的特点、教学条件、学生的实际情况，合理地安排教学内容，使学生不仅能更好地掌握技能，还能促进其身体的健康发展。教师应合理安排运动量和运动强度。这里的运动量与运动强度并不是同一概念。运动量指的是次数、组数、重量、时间等，而运动强度指的是完成练习所用的力量的大小，比如负重的重量、跳的高度、跑的距离等。合理地安排运动量与运动强度，运动量小，则运动强度适当加大；运动强度太大，则相应减少运动量，保证在学生承受最大疲劳限度的情况下根据实际情况来合理安排。

4. 循序渐进原则

循序渐进原则，表现出由简到难、由一般到复杂的过程。逐步进行，不断提高。比如网球的正手击球，要从握拍开始，到准备姿势，到引拍上步，再到挥拍，再到准备姿势，经历这样一个完整的过程。练习者开始可以做无球的动作练习，再做有球的原地击球动作练习，最后做有球移动的动作练习。这样逐一练习，逐步进步。

5. 启发式教学原则

采用启发式教学原则可提高学生学习的积极性，调动学生的积极思维，加深学生的理解和认识、牢记动作，启发学生主动去思考、去领悟。比如在排球发球的教学中，可以通过生活当中甩鞭子的一个动作，启发学生做发球动作时的发力顺序，也可以将其用于标枪等投掷项目当中，使学生能够举一反三，培养学生自学的能力。运用启发式教学原则，开发学生智能，调动学生学习的积极性，使其科学地进行训练，取得事半功倍的效果。

此外，教学原则还有因材施教原则、超负荷原则、恢复原则等。无论哪一种体育教学原则，目的都是从学生的根本利益出发，提高学生的身体素质，促进学生的健康发展。

体育教学原则体系随着社会的不断发展与教育学、心理学等相关学科的发展而不断发展。近年来，随着新课改的不断深入开展，一套套新的体育教学原则应运而生。我们应取其精华，把体育教学原则贯穿到教学中去，使学生容易接受、理解，达到自觉练习的目的；开发学生智能，提高学生的体能素质，促进学生身心健康全面发展。

二、体育教学规律

体育活动就是通过各种体育运动小组的活动和比赛，以及参加群体性的体育活动，使受教育者的身体得到多方面的锻炼，增强运动的技能和技巧，提高体育锻炼的兴趣。在体育课教学中，我们着力探索体育教学规律，努力丰富体育课程内涵，取得了一定成效。

（一）探索规律组织体育教学

如何组织好体育课的教学工作，更好地为教学服务，是体育教学中的关键问题。

首先，教师要把握体育课的自身特点，即通过身体的各种练习，使体力活动与思维活动紧密结合，让学生掌握体育知识、技能和技巧。要遵循体育教学过程的规律，根据教学内容和学生状况的不同，灵活组织教学。

其次，遵循体育教材特点，组织教学活动。体育教材包括田径、球类、技巧、武术、体操等多种，不同的教材有不同的特性。因此，教师在教学中要善于把握教材特点，挖掘教材潜力，改革传统教学形式，充分调动学生的学习主动性和创造性，提高教学效果。

最后，体育教学不仅要遵循体育规律，还要遵循学生身心发展规律。要根据学生的生理和心理特点来组织教学。

（二）丰富内容推进素质教育

体育教育是素质教育的有机组成部分，体育教育的目的就是通过初步学习和掌握体育的基本知识、基本技术和基本技能，完成锻炼身体、提高思想道德水平的任务，从而有效促进素质教育。

从体育活动的性质上来说，其有利于发展学生的特长和才能。学生在活动中自己教育自己，有利于学生自觉地去接受教育，养成良好的纪律和高尚的思想品德。

从体育活动的组织上来说，其形式多样，不拘一格，有利于学生的身心发展，有利于培养学生的观察力、思维力、想象力、创造力，有利于提高体育活动质量，提高学生素质。

从体育活动的培养目标上来说，要培养学生"三种意识""四种能力"。"三种意识"就是参与意识、实践意识和竞争意识，"四种能力"就是观察力、注意力、记忆力、想象力。

（三）体育课渗透爱国主义教育

一是通过体育教学活动培养学生的集体意识，增强爱国热情。由于体育教学的特殊性和组织方式的多变性，容易导致集体与集体、个人与集体的频繁接触，学生对集体间的竞争和对抗，胜与负比较敏感，情感流露比较真实。根据这个特点，应积极帮助和引导学生树立正确的集体观念，正确对待个人与集体、集体与集体之间的关系，培养团结协作、互相配合的集体主义精神。

二是联系相关事物，引申教学内容。教师应通过引申教学内容，来加强爱国主义教育。如在"快速跑"这一教学内容中，融入"时间"概念。教师通过开动手中的秒表，把分分秒秒报给学生听，让学生体会时间和空间印象，然后将时间所包含的经济、文化等价值和学生分享，即通过珍惜时间，培养学生的时间观念，以此来培养学生的学习兴趣，丰富学生的知识，激发学生的爱国热情。

（四）体育教学风格形成的基本规律

所谓教学风格，是指教师根据各自的优势、特长，结合教学的具体情况，经常采用的一整套个性化的独特教法。在体育教学中，形成独特的教学风格，是体育教师进入高层次教学境界的重要标志。它对学生学习态度的形成、个性特征的培养、学习氛围的营造、合作精神的养成等都有积极的作用。教学风格是体育教师在创造性劳动中逐步建立起来的"独特教学模式"。在教学风格建立的过程中，既能体现出教师的教学思想、教学意识、教学技巧等内在的东西，又能表现出教师的教学行为、教学形式、教学效果等外部的特征。

1.体育教学风格的基本特点

（1）突出个体性

体育教师的个性心理特征对教学风格有直接影响。如偏于多血质气质类型的教师，情感丰富，教态亲切，善于启发诱导学生，教学中反应敏锐，方法多样，属于"民主型"教学风格；偏于胆汁质气质类型的教师，情感浓烈，作风果断，教学中兴奋度高，富有激情，动作幅度大，感染力强，属于"激情型"教学风格；而黏液质气质类型的教师，一般性情清高，教态稳健，教学中往往含蓄深沉，简洁明了，属于"沉稳型"教学风格。作为教师应有意识地发挥自己教学风格上的优势，克服不利因素，从而使个性心理特征与教学风格形成最佳的结合。

（2）追求稳定性

体育教师的教学风格一旦形成，将有相对稳定的特征。这是由教师的个性心理特征、知识结构、文化素养、工作环境、社会赋予的要求等所决定的。知识结构、文化素养会直接影响教师的思维模式、教学理念和治学特征，最终会孕育出不同的教学风格。教师教学风格的形成应有一个较为宽松的社会环境、有一个良好的研究氛围、有一个灵活的教学空间，只有这样才有助于教师开创性地工作，形成其特有的教学风格，避免"高度统一""千人一面"的现象。稳定的教学风格有助于教师在相对稳定的工作状态下进行教学，取得最佳教学效果；有助于学生在一定时期内逐步适应教师的教学风格，较好地理解教学目标。

（3）实现创造性

体育教师教学风格的形成，是一个长期实现创造性工作的过程。大量实践经验证明，教师教学风格的形成是有规律可循的，即未有风格、形成风格、打破风格、形成新风格。这种良性循环需要教师创造性地开展研究工作。当然，创造性的研究工作是随着教师教学经验的积累、知识水平的提高、职业要求的深化、学生需求的变化等情况而进行的，往往是自觉与不自觉相结合的。

2.体育教学风格形成的过程

（1）模仿阶段

初为人师，有几个角色需要转换，即由学生向教师的转换、由过去的"学"向现在的"教"的转换、由被动地被人管理向主动地管理别人的转换、由随意的行为向规范的行为转换等。教师从主观上都有搞好教学工作的良好愿望，但往往又苦于角色转换较慢、教学经验不足，而无法达到预计的教学目标。那么，最直接、最有效的办法就是模仿，模仿老教师的教学风格。一般模仿是从局部开始，逐渐向全局扩散，或先是形式模仿，后是内容模仿。如当一组好的教法和组织形式被青年教师模仿使用取得明显效果的时候，有心人就会进行一定的反思，分析这种事半功倍效果所产生的原因，从而进一步提升自己。

（2）选择阶段

青年体育教师在模仿老教师教学风格的基础上，已对不同的教学风格类型有了大致的了解，开始对自己感兴趣的教学风格进行选择。一般来说，青年教师首先选择的是与自己专业或专项相关的教学风格，这样更有利于发挥专业特长，反映自我风格特点，体现"一专"的要求。其次是选择与自己专项有一定联系的教学风格，因为学校体育教学的内容很多，只靠专项教学是不够的。按照教学大纲要求，每位体育教师必须对所教授的内容有透彻的理解和掌握。所以要在专项的基础上扩充其他内容，同时必然涉及不同类型的教学风格。随着看课、观摩、分析课、研究课的增多，以及接触不同年龄的体育教师机会的增加，选择的范围也在扩大，以体现"多能"的要求。

（3）定向阶段

当体育教师对众多教学风格有了较为清晰的认识后，还必须找准自己的定位，如何扬长避短地开展教学，逐步形成独特风格是十分重要的。一般可以根据自己的知识结构、文化素养确立教学风格。如知识面较宽的教师，教学讲解中能够旁征博引、挥洒自如，其教学风格必然呈现"洒脱流畅、生动活泼"的特点；而知识结构以专深见长的教师，教学中能层层递进，分析问题如抽丝剥茧，其教学风格也更为"深沉隽永"。也可根据自己的气质类型确立教学风格。气质是个人心理活动的动力特征，这种动力特征主要表现在心理过程的强度、速度、稳定性、灵活性及指向性上。气质对教学风格的确立和形成具有深刻的影响。另外，还可以根据治学领域的特点确立教学风格。治学领域的"土壤"不同，必将培养出各异的"风格之树"。

（4）创新阶段

体育教师教学风格的形成，实质是一个不断创新的过程。教师的教学风格一经确立，便以一个相对稳定的状态表现出来，但教学风格不是一成不变的。教学实践证明，教师教学风格的变化是一种螺旋式的上升。这与教育内涵的扩展、教学内容的更新、学生需求的变化、教师教育理念的提升有密切的关系。其中教师教育理念的提升是最为重要的，只有观念的更新、意识的超前，才可能带来行动的创新。一种教学风格的形成，蕴含着教师的创新意识、创新思维、创新能力、创新活动等。

体育教师的教学风格形成于长期的教学实践，发轫于艰苦的探索，是教学一般规律与个人教学实践相融合的产物，是教学内容与教师灵感的交融升华，是教师个人创造性思维的结晶。教育管理者应善于发现和树立有"独特教学模式"的体育教师榜样，以便他们能创造性地开展工作。

（五）注意规律在体育教学中的运用

在教学中教师常常会遇到学生注意力不集中的状况，它是困扰教学效果的主要因素。学生是否集中注意力听课，和教师的讲课有很大关系。优秀的教师一定是课堂上的焦点，他的一言一行能吸引所有学生的注意，使学生在课堂上的心理活动集中指向他。注意是教师与学生之间教与学的一个关键的心理活动，有一个磨合过程，这个过程直接影响师与生、教与学的默契，也影响教学质量。学生良好的注意品质是教师在长期的教学训练中培养和发展起来的。利用心理规律上好体育课，向学生传授体育基本知识、基本技术和基本技能是教师探索和研究的方向。

1. 运用无意注意的规律组织教学

（1）合理利用刺激物的特点来组织教学

根据条件反射的强度规律，刺激物在一定限度内的强度越大，越能引起人的注意。课堂上使学生注意力分散的诱因有很多，一切刺激物都会干扰学生的注意力，因此要正确区分刺激物的良莠。新的教材、讲解的趣味性、示范动作的优美、器材的新鲜感等都会激起学生的良性注意。教师应尽量消除不良刺激物对教学的影响。

（2）采用不同的教学方法，吸引学生的注意

不同的教法可以转移学生的兴趣，变换教法能使学生从一个兴趣点转移到另一个兴趣点。持续不断激发学生的兴趣，是吸引学生注意的前提，因此教师在体育教学中应充分利用这些条件，启发学生思考，分析动作之间的内在联系；集中学生的注意，便于他们领会动作要领，掌握运动技能。组织学生身体练习时，还要注意变换方式，可采用竞赛、游戏的形式启发学生学习体育知识技能，调动其积极性，以收到良好的效果。

（3）利用语言的形象描述，吸引学生的注意

语言交流是体育教师进行教学和吸引学生注意的重要工具。教师讲解时，声音的大小、语速及声调的变化都可以引起学生的注意，直接影响教学效果。教师的语言要言简意赅、生动形象且具有启发性，符合学生接受能力。语言的鼓励与安抚能很好地帮助学生克服困难和心理障碍，能集中学生的注意力，提高学生的学习积极性。

2. 运用有意注意的规律组织教学

课堂上学生有意注意时间的长短，决定课的成功与否。有意注意也称主动注意，它是有目的、有意识、直接、自觉的心理活动。只有提高学生的有意注意的能力，才能提高学习锻炼的质量。在组织教学过程中，要求教师不但要想着上好课，还要培养学生有意注意的能力。

（1）明确体育课学习的目的，提升有意注意的能力

教师要经常对学生进行引导教育，使学生明白终身体育有益身体健康，激发学生自觉积极地学好体育，锻炼身体。明确学习目的的教育还必须渗

透到日常教学训练中，要求教师在教学的开始阶段就使学生树立终身体育有益健康的思想，使之养成稳定的健身习惯，并自觉而为之。

（2）根据学生的兴趣特点，有的放矢

兴趣是集中注意力的重要心理因素。有经验的教师既会重视学生的直接兴趣，又会重视学生的间接兴趣；根据大学生的心理特点，在教学中以引导学生进行体能对抗的游戏方式，提高学生锻炼的积极性；还可以编一些通俗易懂、简单易学的口诀，来提高学生学习的兴趣。教师对理解能力强的学生可采用视频、幻灯片教学，使抽象概念直观形象化，并用剖视、慢动作分解演示等教法，分析理解复杂动作过程的结构，培养学生的兴趣，吸引学生的注意力，提高教学效果。

（3）提升学生自我监督的能力，培养良好的行为习惯

良好的自觉行为是集中注意的重要条件，学生自觉行为的形成要经过长期培养，因此，教师在教学过程中，对学生要进行常规教育，如按时作息、遵守校规和比赛规则等。养成良好自觉行为有助于培养学生不受时间、地点、条件的影响，形成注意的好习惯，提升有意注意的能力，创造自觉学习锻炼身体的价值。

3. 善于运用两种注意相互转化的规律组织教学

无意注意与有意注意两种注意在同一活动中是相互联系和转化的，只注重无意注意，学生虽然有兴趣，但无坚强的意志和克服困难的能力，也不能完成既定的体育教学任务。注意是有时效性的，短时间内情绪高涨，可以提高学生的学习锻炼的效果，可时间长了，情绪消滞，就会有厌倦感，因此有经验的教师会合理地安排教学内容，激发学生兴趣，通过适时地讲解示范演绎，引起学生的无意注意。另外，教师要鼓励培养学生不怕困难钻研学习的意志品质和探索精神，提高主动注意能力；在课堂学习锻炼过程中，应避免学生做过多的重复的练习，以免使其产生消极情绪。要求教师在有关联的指导动作练习及交替练习锻炼时保持较高的情绪，促使学生的两种注意相互自然转化，从而提高体育课的教学质量。

要上好体育课，在开始阶段，教师要通过简洁、明了、新颖的讲解宣

布课的任务，引起学生的兴趣，激发学生想体验的欲望；在平常的体育课中，教师要不断培养学生的注意品质，主动关注某些事物，形成注意的稳定性，这样就会取得事半功倍的效果。

（六）迁移规律在体育教学中的运用

迁移规律是体育教学中的客观存在，为正确认识迁移规律对体育教学的影响，提高教学质量，此处对体育教学中的迁移规律进行简要的分析，对迁移规律在体育教学中的运用进行探讨，并对应注意的问题提出建议。

1. 迁移规律在制订学年或学期计划时的运用

制订学年或学期计划时，除了贯彻教学大纲的统一要求，还要注意教材分布的纵横关系，在教材的纵横关系中就要考虑到迁移的问题。纵的教材关系如进行标枪教学时，先教原地投掷，再教上步投掷，然后教助跑投掷。因为上步和助跑投掷的握枪、引枪由最后的用力到出手这些动作的基本环节和原地投掷相同，所以后两种方式投掷时只需要把上步或助跑的技术与原地投掷技术连贯起来就行。在学习与原有动作结构相似的新动作时，大脑皮质由原已形成的基本环节或附属环节的运动条件反射作为新的动力定型的基础，只需要补充一些基本环节或附属环节的运动条件反射，新的动力定型即可形成。因此，制订学年或学期计划时，应尽量在回忆旧知识的基础上引出新的知识技能，将具有共同因素的教材内容合理地安排在一起，并贯串联系起来，这不仅可以复习旧的技能，同时能使学生更好地理解和掌握新的知识技能，这样，前面的学习是后面学习的准备，后面的学习是前面学习的发展。

另外，在制订学年或学期计划时，要避免运动技能之间的相互干扰。两种不同运动技能之间，动作技术主要环节不同，而细节部分相同，在学习时它们之间往往产生干扰。如果同时学习某两种技能，而且都没有达到熟练和巩固的程度，这两种技能就容易相互干扰；或者两种技能中有一种掌握得比另一种熟练，那么前者就容易对后者发生干扰，如学习了跳高起跳（单脚起跳）的技术动作后，对学习支撑跳跃的起跳（单脚上板，双脚起跳）就可能产生不良影响。两种运动技能结构相似，动作相反，其中某一技能已经相当熟练，再想形成相反的技能动作时，就感到很困难，甚至出现错觉，如短跑和长跑，两者的动作结构虽然相同，但在动作反应速度上对神经系统的要求完全不同，故会产生干扰。

2. 迁移规律在教学中的运用

（1）讲解、示范中的比喻与启发

在教学中，教师采用生动形象的教学语言，不仅能够启发学生积极思考和想象，还能使学生加深对教材内容的理解，例如学习前、后滚翻技巧动作时，教师用球作比喻，启发学生要低头、团身、屈膝使身体接近圆球形，才能像球那样进行前、后滚动，从而使学生心领神会，加深对动作要领的切身体验，加速对新技术的掌握。

（2）组织诱导性练习

1）模仿练习的运用。根据相似的刺激物可以引起雷同反应的原理，应组织适当的模拟练习促其产生正迁移，诱导学生逐步学习并掌握。例如在铅球教学中，从徒手原地正面推铅球动作，到徒手原地准备姿势（蹬、转、挺、推、拨）的最后用力，再到滑步推球的模仿练习，对促进学生逐步掌握正确的推铅球技术有帮助。其生理机制就是，通过模仿产生迁移，诱导学生学会并掌握。

2）分解练习的运用。为简化动作的掌握过程，教学中常常把完整的动作合理地分成几个部分，然后按部分逐次地练习，最后完整地掌握。例如在进行排球正面上手传球教学时，首先进行传球手形的练习；其次进行正确击球点的练习；再次进行蹬伸挺拔协调用力动作的练习；最后将以上三种练习串联起来，就会使学生完整地掌握正面上手传球的动作要领。每一个分解练习都对大脑皮层建立暂时性神经练习过程产生了痕迹效应。如果学生个体能正确、熟练地掌握每一个分解练习，则分解练习过程中产生的迁移就能使学生获得良好的学习效果。

3）辅助性练习的运用。辅助性练习是指为发展某种动作所需的身体素质的练习。体育教学中，为使学生更快、更好地学会某项技术，而选用一些辅助练习来发展该项技术所需要的身体素质，确实有利于素质和技能迁移。例如在推铅球教学中，为提高铅球出手的初速度，必须发展学生推球的力量，因此，常常选用一些发展臂力、腕力、指力的练习，诸如俯卧撑、俯卧撑推手、俯卧撑击掌等，以发展掌握技术所需的力量素质。

（3）充分利用学生已有的知识、经验促进学习的迁移

提倡选择生活中较为熟悉的动作概念，给学生以生动、形象的诱导。由于学生对这些动作、姿势印象比较深刻，因而容易接受和体验，如学习前滚翻时，教师可以用"篮球滚动"来启发学生；要求跳远踏跳的起跳腿快速蹬离地面时，可用"赤脚踩在滚烫的铁板上"的比喻来提示。语言简练、准确，便于学生回忆，指导自己练习。可见，迁移总是以先前的知识、经验为前提，有关的知识技能掌握得越多，越容易举一反三，触类旁通。

（4）帮助学生形成良好的心理状态，促进技能的迁移

针对不同学生的不同气质类型进行心理暗示，好胜心强的同学可用"激将法"，性格内向的学生则多运用心理暗示，使他们产生强烈的学习欲望，从而有利于加快运动技能的迁移和巩固。因此，教师在整个教学过程中都应帮助学生形成有利、消除不利的心理状态。

总之，迁移是体育教学中普遍存在的规律，每一位体育教学工作者都应自觉地认识和合理运用迁移规律，以使学生在学习动作时达到事半功倍的效果，从而提高教学质量。

第二章

高校体育教学的理论基础

第一节　运动生理学基础

一、人的生长发育的规律

人体的发展具有规律性，在人体发展的不同阶段，人体的各器官、组织、系统均表现出不同的特征；在人体发展的不同阶段，人体的各器官、组织功能的发展水平和发育速度也是不同的。这种不同主要通过不同年龄阶段人体的身体形态、机能、素质等方面表现出来，使人体的发展具有普遍的规律性。

具体来说，人体的生长发育是一个 20 年左右的连续、统一的发展过程。在这一过程中，由于社会环境、营养、遗传和体育锻炼等因素的影响，不可避免地存在较大的个体差异，但同时遵循共同的基本规律。

（一）人的生长发育规律的内容与过程

人的生长发育主要包括身体形态、生理机能和身体素质等几个方面，它们互相依存、互相影响、互相制约。人体的生长发育虽然是一个连续、统一、逐渐完善的过程，人的身体形态随着年龄的增长而变化，但在各个年龄阶段，人的生长发育的速度并非匀速直线上升，而是具有一定的阶段性和小波浪形的特点。人的身体机能的发展和完善表现在神经系统、骨骼肌肉系统、呼吸系统及心血管系统的功能变化上，各个系统的功能和特点在学生发育的不同阶段呈现出较大的差异。身体素质的发展随着年龄的增长而变化，表现出明显的年龄特征和性别差异。在身体素质发展的过程中，不仅存在一个连续的增长速度较快的时期，而且还有一个身体素质发展的敏感期。

人的生长发育是一个具有阶段性和程序性的连续过程，习惯上将人的生长发育过程划分为婴儿期、幼儿期、童年期、青春期、成年期。各个年龄段间顺序衔接，前一阶段的发育为后一阶段奠定必要的基础；任何阶段的发育遇到障碍，都会对后一阶段产生不良影响。从胎儿到成年，全身大多数器官、系统有两次生长突增高峰，即胎儿期和青春发育初期。由于身体各部位的生长速度不同，其最终的增长幅度也不一样，头颅增一倍，躯干增两倍，上肢增三倍，下肢增四倍。一般来说，神经系统发育较早，生殖系统发育较晚，而淋巴系统在青春期可达成人的两倍。各系统的发育并非孤立地进行，而是相互影响、相互适应。

（二）体育教学中学生生长发育规律的体现

体育教学是以学生的身体练习为主要手段，以促进学生健康、增强学生体能为核心，以培养全面发展的学生为目的的教学活动。体育教学设计就是为了最大限度地挖掘体育教学在促进学生生长发育、提高学生身体机能、增强学生体能等方面的有效性。因此，在进行具体的体育教学方案设计时，应该详细了解学生的生长发育规律、有机体的机能特征及不同年龄阶段学生的身体素质特点。

学生的生理特点对体育教学设计的影响主要表现为，在分析体育教材内容、确定或创编体育教材内容时，应充分考虑学生的生理发展特点，使选择的体育教材内容充分发挥其在体育教学中的载体作用，为体育教学目标的实现提供条件；根据学生的学习需要确定教学起点；体育教学目标的制定、体育教学策略的选择及体育教学过程的安排都要符合学生的生理发展特点，从而设计出适宜的体育教学目标、丰富多彩的体育教学内容和有效的体育教学策略。

总之，在体育教学设计过程中，教师必须认真遵循学生生长发育的规律，重视各种规律对体育教学的积极影响和制约。只有这样，才能设计出真正体现新体育课程理念，有利于高效完成体育课程目标和教学任务的体育教学方案。

二、动作技能形成的规律

人体生理机能活动能力的变化规律是体育教学过程中合理安排体育课程结构的重要依据。运动过程中，人体机能活动能力的变化是逐步进入工作状态，逐步上升，然后达到一定的高度，最后逐步下降。表现在体育课上，学生在上课初始阶段，必须逐步克服从安静至运动的惰性。惰性包括物理惰性和生理惰性两个方面。物理惰性是指身体，特别是肌肉系统需要预热，称为热身运动。肌肉在参与运动过程中要克服自身的黏滞性和阻力，适当的热身运动可以促进血液流通，促使全身血液流量重新分配，使更多的血液进入运动系统，有利于肌肉克服黏滞性和阻力，从而更好地参与运动。生理惰性的克服则是指通过改善人体内部的新陈代谢水平，逐步提高肌体内部的能量供应，以适应运动负荷的逐步提高。课程结束，要使学生由运动状态向安静状态过渡，就要进行肌肉放松活动，以消除局部疲劳，使学生慢慢恢复状态。

（一）运动技能的特征

运动技能是指人体在运动过程中掌握和有效地完成专门动作的能力。运动技能具有非常显著的特征，主要表现在以下几个方面。

第一，运动技能是后天习得的。一些简单的或不随意的外显肌肉反应（如人的眨眼反射或摇头动作）不属于运动技能，只有那些后天习得的，并能相当持久地保持下来的动作活动方式才属于运动技能。

第二，运动技能在时空结构上具有不变性。从运动技能的外部结构来看，应是由若干动作按一定的顺序组织起来的动作体系。任何一种运动技能都具有时间上的先后动作顺序和一定的空间结构。例如原地推铅球这一运动技能，从持球、蹬腿、转体到最后出手用力的动作顺序是不变的；动作的空间结构也具有稳定性。不过，运动技能在原来的基础上有多种变式。例如篮球的运球动作这种空间结构，有时幅度大些，有时幅度小些；有时节奏快些，有时节奏慢些；但运球的基本样式是不变的。

第三，运动技能的运用主要由任务推动。人对运动技能的运用是主动的，它主要由当前的任务所推动。也就是说，当任务需要时才表现出来某种运动技能。例如篮球场上带球的队员是进行运球还是传球或者投篮，是依据在比赛场上的任务需要而决定的。

第四，熟练程度越高，运动技能的自动化和完善程度就越高。运动技能是通过练习从低层次的感知系统与运动系统的协调关系向高层次的协调关系发展，最终达到高度自动化和完善的熟练程度。熟练程度越高的运动技能，越能自动化地、轻松敏捷且完善地完成。如单手肩上投篮，随着熟练程度的提高，投篮的技能越完善，投篮的命中率越高，而且意识的参与和控制的程度越少。自动化并非没有意识的参与，只是意识的程度较低。事实上，在活动过程中一旦遇到障碍，人就会增强意识来调整动作，以排除障碍。运动技能的自动化成分越大，或运动技能越完善，动作就越具有准确性和越少耗费能量，即符合节省力量的原则，从而使完成该运动技能者注意分配的可能性增加，疲劳感也相对降低。

（二）运动技能的形成与发展

运动技能的形成要经历"泛化—分化—巩固"这一过程，最终达到动作自动化。这种划分方法是以巴甫洛夫高级神经活动学说为基础的。

1. 泛化过程

动作泛化是运动技能的获得阶段。学习任何一个动作的初期，通过教师的讲解和示范以及学生自己的初步运动实践，都只能获得一种感性认识。此时，动作技术所引起的人体内外界的刺激，通过感受器（特别是本体感受器）传到大脑皮质，引起大脑皮质细胞强烈兴奋。另外，因为皮质内抑制尚未确立，所以大脑皮质中的兴奋与抑制都呈现扩散状态，使条件反射暂时联系不稳定，出现泛化现象。表现在肌肉的外表活动中，往往是动作僵硬、不协调，不该收缩的肌肉收缩，出现多余的动作，而且做动作很费力。教师可以引导学生结合自己的学练体验进行讨论，在这个阶段为什么会出现动作僵硬、不协调的情况；引导学生思考如何应用教科书中介绍的学习策略和合作学练提示，有针对性地掌握和提高运动技能。

在此过程中，教师应该抓住动作的主要环节和学生掌握动作中存在的主要问题进行教学，不应过多强调动作细节，而应通过正确示范和简练讲解帮助学生掌握动作。

2. 分化过程

动作分化是动作技能的改进阶段。在不断练习的过程中，初学者对该运动技术有了初步的理解，一些不协调和多余的动作也逐渐消除。此时，大脑皮质运动中枢兴奋和抑制过程逐渐集中，由于抑制过程加强，特别是分化抑制得到发展，大脑皮质的活动由泛化阶段进入分化阶段。因此，练习过程中的大部分错误动作能得到纠正，能比较顺利和连贯地完成完整动作技术，这时初步建立了动力定型。但定型尚不巩固，遇到新的刺激（如有外人参观或比赛等），多余动作和错误动作可能会重新出现。针对此种情况，教师应给学生提供学习策略，以帮助学生应对刺激。

在此过程中，教师应特别注意对错误动作的纠正，让学生体会动作的细节，促进分化抑制进一步发展，使动作更准确。

3. 巩固过程

动作巩固是动作技能的稳定阶段。通过进一步反复练习，运动条件反射系统已经巩固，建立了巩固的动力定型，大脑皮质的兴奋和抑制在时间和空间上更加集中和精确。此时，不仅动作准确、优美，而且某些环节的动作还可出现自动化，即不必有意识地去控制就能完成动作。在环境条件发生变化时，动作技术也不易被破坏。为了帮助学生理解动力定型，教师可以在实践课中让动作技术比较好的学生和较差的学生进行对比，从而帮助学生认识到通过反复练习使技术动作达到动力定型，乃至动作自动化程度的重要意义，以引导学生刻苦练习，不断提高技术水平。同时，由于内脏器官的活动与动作协调配合，完成练习时也感到省力和轻松自如。

但并不是动力定型发展到巩固阶段就可以不再担心了。一方面，还可在继续练习巩固的情况下精益求精，不断提高动作质量，使动力定型更加完善和巩固；另一方面，如果不再进行练习，巩固了的动力定型就会消退，动作技术越复杂，难度越大，消退得也越快。

在此过程中，教师应对学生提出进一步要求，如果有条件，可以指导学生进行技术理论学习，这更有利于动力定型的巩固和动作质量的提高，促使动作达到自动化程度。

运动技能形成的三个过程是相互联系的，各个过程之间并没有绝对的界限。学生在学习新动作时，如泛化过程较长，分化能力较差，则掌握动作就较慢；动作越复杂，泛化过程就越明显，分化的难度也就越大，学生形成运动技能所需要的时间就越长。而学练水平高的学生在学习掌握新动作时，泛化过程很短，对动作的精细分化能力强，掌握运动技能快。对于难度比较大、技术要求比较高的动作，教师应加强对学生的指导，同时应引导学生自主练习。

4. 动作自动化

随着运动技能的巩固和发展，暂时的神经联系达到非常巩固的程度以后，动作的自动化现象就可能出现。所谓自动化，就是练习某一套技术动作时，可以在无意识的条件下完成。其特征是对整个动作或者是对动作的某些环节暂时变为无意识的。例如走路是人类自动化的动作，在走路时可以谈话、看报，而不必有意识地想应如何迈步、如何维持身体平衡等。又如篮球运动员在比赛时，运球等动作往往也达到自动化的程度。

自动化动作的生理机理是以巴甫洛夫所揭示的高级神经活动的基本规律为基础的。人类一切随意运动都必须在大脑皮质参与下方能实现，但是在大脑皮质参与下所实现的机体反应活动并不一定都是有意识的。换言之，在无意识完成自动化动作时，仍然必须在大脑皮质参与下才能实现。在皮质参与下所实现的有机体的反应，有的是有意识的，有的是无意识的。

巴甫洛夫在分析有意识和无意识的生理机理时提出，只有在当时条件下具有最适宜兴奋的皮质部位所完成的活动才是有意识的。通过这种部位最容易建立新的暂时联系，也最容易形成新的分化相。当运动技能达到第三过程后，动作各环节的条件反射已逐步达到巩固状态。凡是已巩固的动作可以由皮质被抑制的区域或兴奋度较低的区域来完成。这时再有相应的刺激出现时，就刻板式地产生以前所形成的反射活动，这是由大脑皮质上兴奋性低落和不适宜的部分实现的。皮质上这些部位的活动被称为无意识的、自动化的活动。

通常情况下，许多体育运动技能需要经过多年的、大量的练习才能达到和保持自动化的水平。因此，教师应指导学生根据自身的条件选择适当的项目来学练，形成自己的爱好并发展专长，为终身体育奠定基础。

（三）体育教学中运动技能形成规律的体现

新课程的内容标准分为五个学习领域，即运动参与、运动技能、身体健康、心理健康和社会适应。其中，运动技能学习领域直接体现了体育教学以身体练习为主的本质特征。运动技能也是实现其他领域学习目标的主要手段之一。因此，没有运动技能教学也就没有体育教学存在的价值。运动技能教学是体育教学的核心。在体育教学设计中，运动技能的形成规律主要影响体育教学目标的制定、体育教学策略的选择以及体育教学过程的组织和实施。由此可以得知，只有严格遵循运动技能的形成规律，才能制定出准确且适宜的知识、技能学习目标，才能设计出实用性好、针对性强的体育教学方法与手段，也才能较好地实施和控制体育教学过程。因此，体育教学设计必须遵循运动技能的形成规律。

三、身体机能适应规律

（一）人体适应性规律的提出

人体适应性规律是根据生理学的新陈代谢规律提出的。人体在参与体育运动的过程中承受一定的运动负荷，导致体内异化作用加强，能量储备下降；经过适当休息和调整后，体内的同化作用加强，能量储备上升；再进一步调整和休息之后，人体内的能量超过原来水平。这三个阶段依次可称为"工作阶段""相对恢复阶段""超量恢复阶段"，是人体对运动适应的表现之一。这种适应特征为体育教师安排练习内容以有效提高学生的身体机能水平提供了理论依据。人体适应性规律是一般性的原理，在不同的领域有不同的含义。"超量恢复"的原理用于运动训练领域时，超量是指极限负荷的量；用于普通学生时，超量则指已经适应了的量，是指学生的身体机能对某一运动负荷达到适应状态，可以适当地提高运动负荷，从而逐步提高身体运动能力，提高学生身体机能的适应性。

（二）体育教学中身体机能适应规律的体现

当外界环境发生变化时，机体内环境的相对平衡遭到破坏，体内的各种功能不得不重新进行调整，以维持机体内外环境的相对平衡，这就是生物适应过程。在体育教学中，学生身体机能适应规律是指学生在经历系统的体育教学和锻炼过程中，身体内部会逐渐产生一系列的生理性和物理性变化。这种变化随着学习和锻炼时间的迁移形成量的积累，身体机能随之逐渐适应并得到提高。

第二节　运动心理学基础

一、运动心理学的基本理论

（一）建构主义学习理论

1.建构主义学习理论的提出

瑞士心理学家皮亚杰于1966年提出了建构主义，他从认识的发生和发展这一视角对儿童心理发展进行了系统、深入的研究，认为"认识是一种在主体已有的知识和经验基础上的主动建构"。在皮亚杰上述理论的基础上，维果斯基、布鲁纳等专家、学者从各种不同视角对建构主义进行研究，相继涌现出"社会建构主义""个人建构主义""极端建构主义"和"温和建构主义"等理论。所有这些研究进一步丰富和完善了建构主义理论，为建构主义理论在教学实践中的应用奠定了坚实的基础，也为建构主义学习理论的形成打下了基础。

2. 建构主义学习理论的主要观点

学生不是通过教师传授而被动获得知识，而是学生在一定的情境下，以已有经验为基础，借助其他人（包括同学和教师）的帮助，通过必要的学习材料，运用意义建构的方式而获得的。因此建构主义学习理论认为"情境""协作""会话"和"意义建构"是学习环境中的四大要素或四大属性。

（1）情境。在学习环境中的特定情境，最重要的是要有利于学生对所学知识的意义建构。这对课堂教学设计提出了新的要求。换言之，在建构主义学习的特定环境下，课堂教学设计不仅要分析教学目标，还要深入研究如何创设有利于学生建构意义的情境。

（2）协作。协作贯穿整个学习过程。从搜集、整理和分析学习材料到问题的提出、分析和解决，再从评价学习成果到意义的最终建构，都离不开协作。

（3）会话。会话是协作过程中的关键环节。学习小组成员之间通过会话协商来完成规定的学习任务，会起到事半功倍的效果。此外，学习小组成员间协作学习的过程也是会话的过程。在这个过程中，所有学生的知识和智慧被整个学习小组共享，因此会话是形成意义建构的非常重要的手段之一。

（4）意义建构。这是整个课堂学习过程的终极目标。这里所建构的意义是指事物的特征、性质、规律和各事物间的内在关联。帮助学生在学习过程中建构意义就是要帮助学生理解所学知识反映的事物的特征、性质、规律和该事物与其他事物之间的内在关系。这种理解在大脑中长期存储形成一种"图式"，也就是关于学生对所学知识的认知结构。

由以上所述的建构主义"学习"的含义可知，学生获得知识的多少并不取决于学生能死记硬背教师讲授知识多少的能力，而是取决于其凭借自身经验去建构知识的意义的能力。

建构主义对学校体育教学的启发是比较大的。借鉴建构主义学习理论的核心思想，与体育学科的特点有机结合，可以把体育教学过程理解为：一方面，由教师向学生进行简单的体育基本概念、技术、规则等知识信息的传递过程；另一方面，学生借助他人（教师与同学）的指导与帮助，在自己已有知识、运动技能以及经验的基础上，重新自主建构意义，不断生成新知识的过程。这个过程既有对体育与健康知识、运动技术的讲解示范等传授过程，也有学生对体育与健康知识、运动技能的自我建构的过程。在体育教学中，这两个过程缺一不可，只是不同阶段有不同的侧重。由于体育项目运动技术的抽象性和各个项目之间缺少内在关联性，在新授课或技术动作学习的开始阶段，比如在球类运动学习过程中，一些基本的运球、传接球技术和比赛规则等知识，采用传统的方式更有效、快捷。而体育教学比赛中的战术运用相对比较复杂、灵活，没有绝对一成不变的体育与健康知识，此阶段运用建构主义学习理论会更容易发挥学生的创造性。

鉴于此，就要求体育教师辩证地对待建构主义学习理论，区分清楚体育教学所处的阶段，正确选择适宜的行为或认知主义理论指导教学，这样对于取得良好的体育教学效果是非常有利的。在整个体育教学过程中，教师既是组织者和指导者，也是帮助者和促进者，其充分利用情境、协作以及会话等学习环境要素，挖掘学生的主动性、积极性和创造性，最终使学生有效实现对所学体育与健康知识和运动技能的意义建构。这里的情境是情感与工具相混合的情境，这里的意义建构也不是取决于简单的外部信息，而是学生以自己原有的体育与健康知识和运动技能经验为基础对新信息进行编码。由于新的体育与健康知识和运动技能经验的进入，原有的体育与健康知识和运动技能经验必然发生调整和改变。体育学习是由于新、旧体育与健康知识和运动技能经验的冲突而引发的学生观念转变和体育与健康知识、运动技能的结构重组。

总的来说，体育学习是学生个体建构和社会建构交互作用的过程，体育与健康知识和运动技能是在体育教学环境和学生个体相互作用的过程中逐步建构的结果。由此可见，体育教学离不开师生、学生之间的互动，没有互动就不存在建构和指导，无效互动也产生不了教学效果，学生个体的发展更是无从谈起，也就很难说存在真正意义上的体育教学活动。

（二）动机理论

心理学家把动机分为两种类型，即内部动机和外部动机。一般来说，当一个人无须外力作用的推动，完全是由个人的兴趣、爱好或好奇心而引发某种行为时，就是内部动机。相反，当一个人是在与自身没有内在联系的外部刺激的影响下而采取行动时，外部动机就介入了。在学习中，无论内部动机还是外部动机都非常重要。具体来说，动机理论主要包括以下两个方面的理论。

1. 强化理论

联结主义学习理论家的主要观点为，动机是由外部刺激引发内心对行为的冲动力量，并强调强化可以解释动机的引起原因与作用。用联结主义学习理论家的观点来说，学生的学习倾向完全取决于以前学习行为与刺激因强化而建立起来的稳定联系，同时强化可以增强学生在学习过程中发生反应的频率和强度。刺激与反应之间的联结是联结主义强化理论的核心概念，因此，为了使联结得到加强和巩固就需要不断强化。由此可见，任何学习行为都是为了获得某种报偿。联结主义学习理论家主张在教学过程中教师采取奖赏、赞扬、评分等各种外部手段激发学生的学习动机，从而引起后者相应的学习行为。强化理论在体育教学中的运用是非常重要的。例如在一节成功的跳马课中，一个学生由于胆小且对跳马有畏惧感，所以在跳真马时每次都不敢跳，但在同学们蹲下来降低难度给他当"马"的帮助下，在其他同学都陆续成功跳过去的刺激下，在教师与同学们眼神、掌声的鼓励下，这位同学最终成功完成跳马技术动作。当然，学习活动中的强化，既有外部强化，也有内部强化。显然，强化动机理论过分强调引起学生学习行为的外部力量（即外部刺激），而忽视甚至否定了学生的自觉性与主动性（即内在需求）。由此可以看出，这一动机理论的局限性还是比较大的。

2. 需要动机理论

20世纪中期，需要动机理论的出现使强化理论的缺陷得到了有效弥补。可以说，需要动机理论是人本主义心理学理论在动机领域的体现，其代表人物马斯洛的主要观点为，人有不同层次的需要，人的基本需要包括七层，它们由低到高依次排列为：生理的需要、安全的需要、归属和爱的需要、尊重的需要、认知的需要、审美的需要和自我实现的需要。除了层次高低之分，需要还有前后顺序之别，只有低层次的需要得到满足后，个体才有动力产生高层次的需要。从个人的需要层次来看，自我实现是个人需要的最高级别，包括个性发挥、潜能挖掘以及自我价值的实现等。从学生心理的角度来看，他们进行学习就是为了追求自我实现。换言之，自我实现是学生的一个重要学习动机。要想达到自我实现层次，就必须满足学生前面六个层次的需要。因此，在体育教学中，教师必须关心学生，爱护学生，尊重学生，创设平等民主的互动环境，让学生有一种安全感与归属感；同时，学生要想完成自我实现，需要与教师以及同学们进行有效的交往和互动，这种需要是他们学习行为的原动力。因为自我实现需要动态地向前发展，教师应在满足学生合理需要的基础上，培养学生更高层次的自我实现，让学生始终保持强烈的学习动机和浓厚的体育兴趣。由此可见，需要动机理论是体育教学的重要理论基础。

（三）多元智能理论

由美国心理学家、教育家加德纳所著，在1983年出版的《智力的结构》一书中提出多元智能理论。该理论从实际的分析中阐明了人的智能是多元的这一理论创见。加德纳认为，智力不是一种简单到可以完全用纸笔测试来衡量的东西，也不是只有某些人才拥有，而是人人都不同程度地拥有，并能在各自的社会与文化生活的各个方面表现出来的能力。每个人都至少拥有八种智能，即语言智能、逻辑－数理智能、空间智能、运动智能、音乐智能、人际交往智能、内省智能、自然观察智能。每个人的智能的表现都不太一样，如某人在某项或某几项智能表现上相对突出，而其他几项表现上可能就会较差，正是这种不同的组合使得人在智能类型上都各具独特性。

加德纳的多元智能理论严厉批判了传统智能一元化的独断，提出学生的智能各具特色，学校里不存在差生，而是存在每个学生都有自己的智能强项和弱项的问题。为此，教师应以多元的观点看待学生，要认识到全体学生都是可造之才，每个学生都有自己独特的、出色的学习类型与方法。

教师必须充分了解每个学生的智能特点和学习类型，给学生提供丰富多样且公平的学习机会；让每个学生都能充分发挥自己的智能强项，并将智能强项的特点转移到智能弱项上去，从而使智能弱项得到尽可能的发展。这种强调智能发展的文化性与生成性是对传统单维智能观的超越与突破，同时也给人以耳目一新之感。在体育教学中，该理论无疑会给教师诸多指导和启示。具体来说，表现在以下三个方面。

首先，这一理论充分肯定了学生的个性和差异性，为体育教学有效互动达成主体间性的目的观奠定了理论上的基石。因为教师树立了多元智能的思维路向，有积极乐观的学生观，充分了解和尊重学生的智能特点，在体育教学中就能考虑到学生的个体差异，体育教学实施中能较好地宽容和理解"运动技能学习不良的学生"，努力创设适合"运动技能学习不良的学生"发展的互动环境。在体育教学中，对不同学生不仅要做到互动机会公平，而且要有更多的耐心和热情去挖掘他们的另一种或其他几种优秀的智能品质，这样才能在内心深处真正接纳学生、喜爱学生。互动时教师对学生能晓之以理、动之以情，与学生建立良好的主体间性的关系，使不同学生都得到精心指导与帮助；促进每一个学生个性发展、潜能开发、创造力发挥以及各种智能健康成长，从而使所有学生都得到最大限度的发展。

其次，加德纳的多元智能理论表明智能由八种元素构成，每种智能通过环境改变和训练都能提高到新的水平。以这一理论为主要依据，在体育教学中应拓宽互动目标。传统的学校体育教育目标只重视传授体育运动技能，突出体育的健身价值。新的体育教学目标要求学校树立"健康第一"的指导思想，它既重视对学生身体健康的教育，又重视对学生运动参与、体育健康知识、运动技能、心理健康以及社会适应的培养。

最后，多元智能理论强调多种智能处于同等重要的位置，重视智力发展的多样性，因此，在体育教学中要有灵活多样的评价观。不能只以体育健康知识与运动技能的掌握程度为核心来评价、选拔学生。对学生的评价应该从学生运动参与、身体健康、心理健康以及社会适应等多个方面进行，通过多种渠道、采取多种形式在多种不同的体育教学互动情境下进行，真正评价学生解决实际问题的能力和创造有价值产品的能力。通过评价，帮助学生清楚认识自己的优势智能领域，认识自己在从事优势智能领域的活动时所拥有的智力特点，并引导学生将这些优良品质迁移到智能弱势领域中去。通过以智能强项带动智能弱项，实现多元智能全面、和谐发展。

二、心理学在体育教学中的作用

（一）心理学为体育教学主体的心理研究提供了必要的依据

教学最终要作用于学生的学习，因此，教学一定要与学生的心理水平相适应。具体要做到以下三个方面的要求。

第一，教学要与学生学习活动的一般心理学规律相符。只有掌握了学生心理学的规律，如记忆规律、思维规律等，才能科学合理地理解和编制教学计划，确定教学的难度等。

第二，教学要与人的心理发展的年龄特征相符。一门课程是提供给一定年龄阶段的个体学习的，教学研究中必须把握个体心理发展的年龄特征，以提供适合该年龄阶段的教学。

第三，教学要与特定学生的个性特征相符。

（二）心理学是教学运作各环节研究的基础

第一，无论是教育目标研究，还是教学目标研究，都是在心理学基础上建立起来的。美国教育学家泰勒在1949年出版的《课程与教学的基本原理》一书中明确指出，教育目标的来源之一是对学生本身的研究，对学生的研究最主要的是心理学研究。加德纳提出的多元智能理论也属于心理学研究范畴。

第二，教学内容的研究要以心理学为基础。如何组织学习内容，选择哪些知识和技能，进行什么样的智力训练可以完成对学生的教育与培养等，这些既需要进行逻辑组织，也需要进行心理组织。

第三，教学学习方式研究的最主要的基础是心理学。加涅的累积学习方式、施布瓦的探究学习方式等诸多成果都是在心理学领域获得的。

第四，教学实施、决策以及课程评价等方面涉及诸多心理学问题。

（三）心理学流派为教学研究提供了直接的思想和理论基础

教学研究需要具备多方面的思想和理论基础，心理学是必不可少的一个方面。历史上很多心理学流派推动了不同教学论思想流派的产生。近代西方形式教育论的一些教育者以官能心理学为基础，认为选择学习内容的基本原则就是看学习内容对官能训练的价值大小；现代西方的行为主义心理学、认知主义心理学和人本主义心理学都被作为教学研究的理论基础，从而形成了与之对应的课程理论。

三、心理学基础在体育教学研究中的运用

体育教学是知、情、意、行高度统一的综合性"技艺类"课程，它和一般文化教学之间存在显著的区别：第一，在认知方面，学生主要通过身体认知掌握运动技能；第二，在非智力因素的发展方面，体育具有其他学科所不具备的特征。

（一）体育教学的研究必须与心理学规律相符

在教学目标的设置、教学内容的选择、教学实施与评价的各环节要素中，都要严格遵循人的心理发展规律。在体育教学内容的选择过程中，要关注不同年龄段学生的心理特征，在充分了解学生的心理需求、个性发展以及兴趣爱好的前提下，选择与学生认知水平相吻合的教学内容。随着身体的发展、年龄的增长和认知水平的提高，学生的心理需求、个性需求会发生不同变化，教学研究要针对这种变化选择相应的内容、方法、手段，以达到教学目标的要求。

（二）体育教学属于身体认知这一特殊的认知领域

在人类的认识活动中，认识的主体与客体之间存在反映和被反映、改造和被改造的关系。客体是主体的指向，它可以是主体之外的客观事物，也可以是主体自身，即人实现对自身的认识。体育运动中，学生通过运动技术或技能的练习产生丰富的身体体验，获得对自身的认识。可见，运动

技能是人在从事以运动项目为中心的身体练习过程中，在自身内部之间和主体与客体之间的相互关系中通过综合体验所获得的身体认知。

运动技能的形成规律必须引进心理学学科的知识与理论，并把它作为人类认知心理学发展的重要组成部分。运动技能是复杂的肌肉本体感受对运动产生的条件反射，它是条件信号和非条件信号在人的大脑皮质形成暂时联系的结果。运动性条件的获得有赖于信号的有效强化，这种有效强化即反复练习。运动性条件反射的形成分为三个阶段，即泛化阶段、分化阶段、动作巩固阶段。动作技能的进一步提高，可以达到动力定型阶段（也可称为"动作自动化阶段"）。动作技能的形成规律为制定运动技能教学原则提供了理论依据。

（三）体育教学在非智力因素发展方面产生的重要作用

学校体育的主要职能之一就是促进学生个体的发展，因此体育教师必须对个体的身心发展及学习过程的本质有所了解。行为主义心理学派关注的是怎样教及学生对刺激做出的反应，把简单行为复合成复杂行为，通过学习强化达到教学目标；认知心理学派关注学生头脑中认知结构的重组或重建，认为知识学习就等同于学校教育。在此基础上，人本主义心理学指出，体育教学的关键在于引导学生从中获取个人自由发展的经验，并强调学生思维、情感和行为整合的必要性。

人本主义心理学对当前的体育教学改革具有重大的指导意义。体育运动不仅产生了丰富的情绪体验，使主体实现身体认知，而且能促进个体非智力因素的发展。体育运动内容十分广泛，学生在多样的刺激中感受到的情感体验往往与身体认知结伴而行；体育运动中各种角色的变换与社会实践中角色的个性化要求相一致，因此学生在体验过程中，其情感、意志、态度和价值观等非智力因素得到潜移默化地发展。将智力因素与非智力因素的发展结合起来，促进学生个体与能力的充分发展是人本主义体育教学改革的目的。

第三章

高校体育教学内容与教学研究

第一节　高校体育教学内容

高校体育教学内容是依据当前国家总的教育方针和社会对体育教学的需求选择出来的，是根据对大学生身体条件和高校教学条件的深入分析和研究，在体育教学环境下传授给大学生体育知识的一系列活动。

一、体育教学内容概述

体育教学内容是体育教学工作者在进行体育教学时的主要参考，因此体育教学内容在体育教学中占据非常重要的地位。再加上体育教学内容所涉及的知识点较为繁杂、宽泛，因此对于体育教学工作者而言，体育教学工作必须建立在对体育教学内容充分了解的基础上。

（一）高校体育教学内容的概念

高校体育教学内容是根据体育教学的目标进行选择的，是根据大学生在成长过程中的发展需要以及体育教学过程中必备的教学条件最终整理而成的，并且是根据社会需求的发展而不断变化的。高校体育教学内容主要是针对教学对象的大肌肉群的运动进行的，具有很强的实践性，主要包括身体的锻炼、运动型教学的比赛、运动技能的获取等。

（二）高校体育教学内容与体育运动内容的区别

高校体育教学内容是保证体育教学正常进行的有力保障，其与体育运动内容之间有着非常细微的差别。作为一名体育教育者或是研究者，清楚地掌握它们之间的差别，有助于其不断深入了解高校体育教学内容。经过深入的分析和研究，笔者对高校体育教学内容和体育运动内容之间的区别介绍如下。

1. 服务的目的不同

高校体育教学内容以教育为主，目的是促进大学生身心健康地发展，其内容偏于理论性，对教学活动具有指导意义。体育运动内容以提高竞技运动水平、夺取胜利为主，目的较偏重教学内容的娱乐性和竞技性，对教学活动而言具有很强的实践性。

2. 内容的改造要求不同

随着时代的不断进步，高校体育教学内容需要根据时代的变化和社会的需求不断改变，以保证高校体育教学内容能够满足社会培养人才的需要。因此需要对高校体育教学内容进行必要的改造、组织和加工，而体育运动内容则不必进行这种改造。

（三）高校体育教学内容的发展

高校体育教学内容和其他教学内容一样，也是随着社会和教育事业的不断发展而发展的。但是，与其他教学内容相比，高校体育教学内容的形成和完善还处于发展的阶段。高校体育教学内容的发展主要来源于以下四个方面。

1. 体操和兵式体操

古代体育的主要形式是兵式体操，由国家的专门机构指导参加训练的士兵进行列队、射击、剑术等战术问题的操练。后来，随着兵式体操训练的不断改进和制度的不断优化，体操最终成为今天高校体育教学中的内容之一。

2. 竞技类体育运动

我国早期出现的竞技类体育运动有骑技比赛、蹴鞠等，后来随着人们对这类竞技类体育运动的兴趣不断激增，这类体育运动的发展日趋完善，最终成为一种正规的体育运动。工业革命以后，随着人们生活水平的不断提高，英美的体育游戏迅速发展成为近代的体育运动，如足球、篮球、棒球等。而后这些体育运动最终传到世界各地并流行起来，迅速在各国的高校教育中开展。再加上这些体育运动具有很强的娱乐性，因此深受广大大学生的喜爱，最终演变成体育教学活动中的重要内容。

3. 武术和武道

在古代的体育教育中，体育教学多是以武术教育的形式体现的，体育教学内容也大多是一些具有军事针对性的武术内容，这种运动不仅可以强身健体，而且能防身，在社会上展现出独特的魅力。再加上这些运动在对人的精神和意志方面的培养有其他理论知识和教育学科所达不到的作用，因此这种类型的体育活动深受人们的关注和喜爱。鉴于这种原因，由"武术"和"武道"原型构成的运动项目成为体育教学中的一种正式的教学项目，受到很多国家的关注。

4. 舞蹈与韵律性体操

舞蹈是人类最古老的艺术形式之一，在社会发展的历程中，随处可以见到舞蹈的影子。研究各国文化发展的历史可以发现，舞蹈是世界上很多国家民族文化的重要组成部分，在民族文化的形成、民族的交流中占据举足轻重的地位。除了舞蹈，韵律性体操也因为具有美感和锻炼效果，逐渐登上体育锻炼的舞台。在韵律性体操的基础上还出现了艺术体操、健美操等。传统舞蹈经过不断改进和提升，形成了多样的民族舞蹈、体育舞蹈等。舞蹈和韵律性体操能够陶冶身心，并且在培养肌体的美感和节奏感等方面也具有非常重要的作用。因此，舞蹈和韵律性体操逐渐成为高校体育教学内容的重要组成部分。

以上几类体育教学中涉及的内容在体育教学中占有的比例不同，并且每个国家在进行体育教学的过程中对其重视的程度也有所不同。

（四）高校体育教学内容的特点

1. 高校体育教学内容的功能具有多样性

高校体育教学内容起源不同，又受到所处文化形态的影响，这就决定了高校体育教学内容具有不同的功能，人们对高校体育教学内容的判断也必然会受到传统起源的影响。因此在进行体育教学的时候，要遵循因材施教的原则，这样才能保证体育教学的顺利进行。

2. 高校体育教学内容的更新速度较快

体育教学对实践性要求较高，体育教学中所涉及的因素也非常多，受当前相关体育教学方针的影响，再加上体育教学本身受到地域、经济、政治、文化的影响较大，因此体育教学工作者在进行体育教学时的工作难度较大。要想与时俱进地开展体育教学，就要根据社会的需求不断更新教学内容。

3. 高校体育教学内容之间是一种平行的关系

体育教学虽然涉及的内容较多，但是各内容之间并没有太多的联系和牵制，各内容之间是一种平行的关系。如跑步和跳远之间，就是相对平行的两种内容，在教学过程中，两者之间没有太大的联系。

4. 每一种高校体育教学内容被赋予的教学任务不同

高校体育教学内容具有很强的时代性，不同时代的人对于体育教学的要求不同，因此每一种教学内容所承担的教学目标和任务也就不同，如在体育教学中开展各种体育锻炼是为了提升大学生的体育素质，进行比赛是为了培养大学生的团队精神、合作意识等综合素质。因此在进行体育教学或是选择教学内容时，应该仔细分析教学目标，以便对教学内容进行梳理和选择。

（五）高校体育教学内容与教育内容的共性

高校体育教学内容是教育内容的一个组成部分，它与教育内容具有一些共性，这些共性主要表现在以下三个方面。

1. 教育性

高校体育教学内容是对受教育者进行身体健康教育和心理陶冶教育，当体育教学研究者和教学内容组织者将众多运动项目选为高校体育教学内容的时候，首先想到的就是这些运动项目本身所具有的教育性。高校体育教学内容的教育性主要体现在以下三个方面。

（1）有利于大学生身心健康

体育教学是通过指导大学生身体的运动和一些竞技性的小组活动，以促进大学生身心健康发展而进行的一种教学。体育运动本身就是一种肌肉群的活动，它能够通过身体的锻炼来增强大学生的体质，通过各种小组教学活动和竞技类活动的开展来培养大学生的综合素质。

（2）对大学生成长具有积极的影响

高校体育教学内容主要是一些具有深刻影响意义的内容，能端正大学生的心态，培养大学生坚强的意志，促进大学生良好价值观的形成，对大学生的成长具有积极的影响。

（3）内容的设计具有普遍性

高校体育教学内容所面对的是教学活动中的全体大学生，因此所选择的教学内容具有普遍性。所谓普遍性就是指教学内容要保证适应大多数人，这样才能达到教学的统一，有利于教学的开展和进行。

2. 科学性

由于高校体育教学本身就是一种以高等教育为主要形式进行的有计划、有组织、有目的的教育活动，以促进大学生的健康发展为主要目的，因此高校体育教学内容也应该与高等教育范畴中的其他教学内容一样，保证其具有很强的科学性。高校体育教学内容的科学性表现为以下三点。

（1）高校体育教学具有很强的针对性

体育教学的对象是学生，其目标就是培养社会所需要的身心健康全面发展的人才。再加上高校体育教学内容是对人类文明的反映和表现，同时体育锻炼的实践性也使得人们不得不重视这一过程，因此体育教学具有很强的针对性。

（2）教学内容符合大学生的需求

在对高校体育教学内容进行筛选的时候，为了保证高校体育教学内容能够更好地为大学生服务，体育教学研究者要对教学内容进行反复筛选，使其符合大学生的身体发展需求和社会需求，同时高校体育教学内容具有很强的指导性，为教学过程提供参考和依据。

（3）遵循高校体育教学的规律和原则

任何一门学科的教学都要遵循其特定的规律和原则，这是保证教学目标顺利实现的基本条件之一。高校体育教学牵涉的内容较多，较为复杂，为了保证教学过程按照目标的方向进行，在选择教学内容时应该遵循体育教学中特定的科学规律和原则，保证体育教学的科学性。

3. 系统性

体育是一门繁杂的学科，不仅涉及的内容较为繁杂，范围较为宽泛，而且对教学目标的要求也较高。因此，在进行教学内容的梳理时，应该系统性进行组织和安排。通过对高校体育教学内容的研究可以发现，高校体育教学内容的系统性主要表现在以下两个方面。

（1）教学内容本身的系统性

高校体育教学内容具有很强的复杂性，每一个知识内容之间又表现出一定的联系性和逻辑性。如安排低年级的大学生学习体育的时候，首先应该培养大学生的方向意识，先通过"向左转、向右转、立定、向后转"等一些简单指令培养大学生的方向意识，然后对大学生进行各种高校体育教学内容的训练。由此可知，高校体育教学内容本身就具有系统性。

（2）体育教学目标的系统性

在体育教学的过程中，需要根据体育教学的特点、大学生的成长特点和教学环境等，深刻地认识体育教学过程和教学内容之间的规律性。必须根据大学生的成长过程，系统地、有逻辑地安排各个高校、各个年级的高校体育教学内容，并处理好各教学内容之间的联系，将体育教学目标贯穿于教学的始终，这就是体育教学目标的系统性。

（六）高校体育教学内容的特性

高校体育教学内容除了具有与教育内容的共性之外，还具有很多独属于体育教学的特性。这些特性在体育教学过程中发挥着非常重要的作用，主要表现在以下四个方面。

1. 实践性

众所周知，高校体育教学内容主要是一些具有教育意义的运动项目，并且需要大学生肢体和大肌肉群的共同作用才能完成，因此运动实践是体育教学中的一个较为突出的特点。一般学科是通过教师的课堂讲授，加上听、说、读、写等一系列训练完成教学任务的，而体育教学内容仅仅依靠听、说、读、写这种相对静态的方式是无法完成的，需要在特定的场地通过一定的体育运动才能完成。虽然国家规定的体育教学目标中包括对大学生的心理健康教育，但这种教育也是通过某种体育活动的开展让大学生体会到的。由此可见，体育教学内容具有实践性的特点。

2. 娱乐性

高校体育教学内容主要来源于生活、军事和艺术等方面，如武术来源于古代军营；体操、健美操、舞蹈来源于艺术行业；跑步来源于日常生活；等等。适当的运动或者竞赛活动会让参与者获得身心上的放松或者身体上的改变，如篮球、足球、乒乓球等运动能够丰富大学生的业余生活，促进大学生之间的交流，使大学生在运动中获得快乐，这就是高校体育教学内容娱乐性的表现。

3. 健身性

体育教学的目的之一就是增强大学生的体质，保证每一位大学生都能拥有健康的体魄。因为高校体育教学内容有很大一部分是以大肌肉群运动为形式的技能传授与练习，因此很多能为身体带来动能的体育运动会增加大学生身体中的运动负荷。再加上大学生正处于身体发育的关键时期，适当的体育运动能够促进他们的身体成长，提高他们的肺活量和身体承受力，不断地激发他们身体内部的潜能，从而达到强身健体的目的。

4. 开放性

高校体育教学内容和其他学科教学最大的区别就是高校体育教学内容具有很强的集体性，注重对大学生的人际交流能力、团队合作能力等社会性能力的培养和提升。再加上体育教学内容涉及的很多运动项目是需要小组或者集体共同完成的，并且需要全体成员充分地发挥自己的作用才能更好地完成。从这一方面来看，体育教学内容具有很强的人际交流开放性，有利于大学生人际关系的培养。

二、高校体育教学内容的目标与要求

体育教学的内容来源于人类发展的各个时期，其教学内容的目标和要求都具有很强的时代性。这主要是因为高校体育教学内容由当地民众的文化水平、地域气候条件、社会政治经济发展状况、生产力水平、科学技术水平等因素决定。

（一）高校传统体育教学内容的目标和要求

高校传统体育教学内容主要是指运用传统的教学方法对大学生进行体育运动技能培训的一种形式，是高校体育教学内容中一直存在的锻炼项目。虽然高校体育教学内容随着时代的不断更迭而持续变化，但是传统体育教学内容因其积极的教育作用仍然在教育界占据很重要的地位。下面对一部分传统体育教学内容的目标和要求进行简单的叙述。

1. 体育保健

体育保健教学的目标是通过体育保健基础知识和原理的传授，让大学生深刻认识到体育教学在人的成长过程中的重要作用，学习体育运动对国家、社会的重要作用，从而激发大学生对体育锻炼的使命感，使他们自觉参加体育锻炼。除此之外，通过对体育保健基本知识和原理的学习，大学生能够了解一些体育学习的必要知识，形成对体育教学的正确认识。

体育保健教学的要求是体育保健教学内容的编写应该结合当前社会的状况、大学生的实际需求等方面进行，并且精选一些对大学生的实际生活和成长有较重要影响作用的体育运动项目，保证内容的真实性和目的性。同时在对这类内容进行教学的过程中，要结合实际操作进行演示，这样有利于大学生接受和掌握。

2. 田径运动

田径运动是常见的运动项目，主要包括跑步、跳高、跳远、投掷等内容。田径运动教学的目标是，通过这项运动，大学生能够了解田径运动的一般规律和基本知识，清楚地认识到田径运动对他们成长过程中身体素质培养的重要意义；掌握田径运动相关的基本原理和方法，掌握一些基本的田径运动技能；通过生活中的不断练习，达到增强体质的目的。

在设计田径运动教学内容的时候，应该从文化、运动特点、技能作用等多方面进行教学内容的设计和组织，这样才能让大学生更科学地掌握田径运动的基本知识，并且将获得的田径运动知识和技能正确地应用到健身实践中去。由于田径运动会使肌体产生一定的负荷，负荷强度太高会对肌体造成一定的损害，强度太低则达不到运动的效果，所以在教学过程中，应该根据大学生的身体特点灵活地教学。

3. 体操运动

体操运动是体育教学中的重要组成部分，由于其对人体的平衡和形体训练有着非常积极的作用，颇受广大大学生的喜爱。高校体操运动教学内容的目标有三点：第一，在教师的指导下，让大学生充分了解体操运动文化，了解体操运动对人体健康的作用；第二，让大学生掌握一些基本的体操运动技能和方法，使大学生能够在日常生活中使用体操来锻炼身体；第三，让大学生能够安全地从事体操运动，并且掌握一些体操比赛的基本常识和技巧。

体操不仅能锻炼人体的平衡性、协调性和灵活性，而且能对大学生进行心理方面的积极引导和教育。因此，要从竞技、心理和生理等多个视角来对体操教学内容进行分析。在教学内容的编排上要保证一定的层次性，不能总是停留在低水平的层次上。在教学过程中，要根据大学生的身体特点，开展合理的训练，如对有些平衡能力较差的大学生，应该对其进行更多有关平衡能力的练习，做到因材施教，这样才能保证教学质量的提高。

4. 球类运动

球类运动是一种常见运动，主要包括足球、篮球、乒乓球等。由于球类运动是一项充满活力和竞技趣味的运动，因此很受当今的大学生喜爱。球类运动教学内容的目标有两点：第一，让大学生充分了解球类运动的基本概念和球类运动中的一些比赛规则；第二，使大学生能够掌握一些球类运动的技能和技巧，以及参加球类运动比赛的基本技能和常识性知识。

球类运动虽然是一项群众性的运动，但其技巧较为复杂，因此在筛选教学内容的时候不能只对球类的单个技能进行教学，而忽视其与比赛之间的联系，否则就会失去球类运动的基本特性，同时要注意教学内容选择的顺序性与实战性之间的联系。所以在教学过程中，要注重对技能的训练和对大学生团队合作精神的培养。

5. 韵律运动

韵律运动其实就是舞蹈、健美操、体操等运动项目。韵律运动与其他运动最大的区别就是，在音乐节奏的作用下，实现了舞蹈与运动的完美结合，因此韵律运动是当今女性尤其喜爱的一种运动。韵律运动教学的目标是使大学生了解韵律运动的基本特征，了解从事这一项运动所应该遵循的基本原则和规律，掌握一些基本的技巧和套路。除此之外，通过此课程的学习，还可以塑造大学生优美的形体。

因为韵律运动是一项表现运动，同时又是一项塑造形体的运动，不仅涉及音乐、艺术方面的因素，还涉及美学方面的知识，所以韵律运动教学应该从大学生审美观的培养、舞蹈音乐的了解和掌握等方面全面地、多角度地加以考虑。韵律运动教学还强调对大学生创新能力的培养。

6. 民族传统体育

民族传统体育反映一个民族发展的历史，代表着这个民族的精神和文化。其教学目标有两点：第一，借助这些民族传统体育的讲授，让大学生对民族文化有更深的了解；第二，使大学生学到一些民族传统体育的技能，既可以防身，又可以继承和弘扬民族文化，如中国武术。

民族传统体育教学的要求是在编排内容时，不仅要结合大学生的特点以及现代人的生活方式，而且要强调内容的文化性和实用性，特别是对民族传统体育文化背景和意义的介绍和揣摩。在教学过程中，要注意对大学生兴趣的培养。

（二）高校新兴体育教学内容的目标和要求

随着社会的不断发展，人们生活水平日益提升，科技不断进步，促进了各国政治、经济、文化的迅速创新和发展。在这种社会背景下，新的体育运动项目逐渐兴起。研究新兴的高校体育教学内容有助于优化体育教学的结构。通过对高校体育教学内容的不断研究和分析，笔者将新兴体育教学内容总结如下。

1. 乡土体育

近年来，随着教育改革的不断深入，创新教育内容、不断地对课程资源进行开发引起了广大体育教学研究者的重视，一些具有积极锻炼意义、散发着浓烈乡土气息的运动项目重新登上体育教育的舞台。这类乡土体育运动的教学目标是让大学生对民间体育和民俗风情有更深的了解，使大学生掌握一些具有地区特色的民俗体育知识和技能，促进当地传统文化的继承和传播。

乡土体育教学的要求：由于这类体育项目来自民间，具有民俗文化的传播作用，因此要注重其内容的文化性、安全性、锻炼性和规范性，同时剔除一些不利于文化传播或是非正能量的因素，摒除一些错误的实践活动。

2. 体适能与身体锻炼

随着社会对大学生身心健康全面发展要求的不断提高，一些针对性较强的体育锻炼作为培养大学生身体健康的运动被正式带进课堂。这些内容与教师对此运动的实践技能的传授相结合，共同发挥着提高大学生的身体素质和运动素质的作用。体适能与身体锻炼的目标是通过这一部分教学内容有效地锻炼大学生的身体，让大学生掌握更多实践锻炼和运动的原则和方法，帮助他们更好地提升运动技能。

体适能与身体锻炼教学的要求：要结合大学生身体素质的状况，遵循体育锻炼时的基本规律，要注意锻炼的针对性、科学性和时效性，同时注意内容应该符合国家规定的关于大学生体质健康的标准。

3. 新兴体育运动

由于新兴体育运动教学的内容具有时代性，因此教师在教学时要注意对体育教学目标的掌握。现经过分析和研究，将高校新兴体育教学的教育目标总结如下：使大学生掌握一些比较流行的体育运动文化，提高大学生对新兴体育运动教学内容的兴趣，同时提高体育教学在终身教育方面的实用性，从而提高体育教学的质量。

新兴体育运动教学的要求：首先要保证其符合教学条件的基本要求，其次要注意高校体育教学内容的文化性、教育性、安全性和实践性，同时注意对教育内容的筛选，杜绝不利于大学生成长的体育内容。

4.巩固和应用类课程

巩固和应用类课程的基本教学内容是新课标要求下的一种教学内容，而且是随着活动课程的发展而不断形成的。其教学目标是通过对此类教学内容的学习，巩固大学生有关体育教学的基本知识和技能，并能够将其与运动实践结合，借此提高大学生的体育锻炼技能以及在参加体育活动方面的常识和能力。

巩固和应用类课程的基本教学要求：在选用教学内容时，应该注意将其与学科内容和高校体育教学内容完美融合，同时注意对内容的延展性和应用性的掌握，注意对大学生在体育教学活动中的创新能力和创新意识的培养，使大学生能够进一步拓展所学习到的知识和技术。

（三）我国高校体育教学内容的发展和改革

1.高校体育教学内容的发展趋势

高校体育教学内容都是从人们传统的生活方式和生活习惯中演变而来的，但是由于时代的不同，高校体育教学内容也发生了不同程度的变化。

（1）正规的体育运动项目迅速兴起

人们对体育教学的认识以及对体育教学的重视程度逐渐提高，随着现代竞技体育运动的不断兴起和普及，其逐渐取代了乡土体育教学内容。

（2）对体育教师的要求较高

随着新课标的推行，虽然高校体育教学内容的数量有所减少，但是随着体育大纲教学目标的强度不断加大，高校体育教学内容的难度也有所增加。这就要求承担高校体育教学工作的教师必须由受过专门体育训练的人员担任。

（3）体育教学的娱乐性因素在减少

随着教育事业的不断创新和发展，体育教学也在素质教育的推动下逐渐发挥重要作用。目前，体育教学成为社会培养全面发展人才、培养健康体魄大学生的重要途径。在这一背景下，体育教学逐渐淡去了其本身具有的娱乐性，加大了对锻炼性的要求。

（4）运动器材的正规化

体育运动已经作为一种正规的体育教学手段被推上了教育的舞台，并且得到了足够的重视。随着科学技术的不断发展，一些新兴的具有锻炼意义的正规体育器材，也被应用于教学情境中。

2. 高校体育教学内容的改革

高校体育教学内容日益正规，技术难度在不断加大，娱乐性在不断减少。长此以往，大学生对体育运动的兴趣会逐渐降低。针对这种情况，体育教学内容必须进行以下改革。

（1）改变高校体育教学内容中的生硬化

高校体育教学内容的生硬化将会使体育教学变得枯燥无味，并降低大学生对体育运动的兴趣，不利于教学效果的加强和教学质量的提高。因此，当前应该改变高校体育教学内容生硬化这一现象，使大学生重新燃起对体育运动的兴趣。

（2）解决高校体育教学内容与大学生社会体育活动之间的目标差异

高校体育教学内容的原型来源于人们的日常生活，也正因如此，可以把高校体育教学内容与大学生的社会体育活动联系起来，有利于其掌握和巩固体育知识和技能。因此，应该解决体育教学内容与大学生社会体育活动之间的目标差异，推进体育教学的群众性和实践性发展。

（3）提高大学生的体育兴趣

兴趣是促进大学生更好学习的催化剂，但是随着近几年来高校体育教学内容去娱乐性的特点，很多大学生觉得目前较为正规的体育教学变得枯燥无味，逐渐对体育学习失去了兴趣。这对于体育教学而言是非常不利的，因此教学内容应该重视其娱乐性，提高大学生对体育学习的兴趣。

（4）多增加一些具有民族性的体育内容

高校体育教学应该多增加一些具有民族性的内容，提高大学生对民族文化的认识，促进民族体育文化的传播。

三、高校体育教学内容的分类

（一）高校体育教学内容分类的重要性

对内容进行分类研究的主要目的是对这些内容进行整合和归类，以加深人们对此内容的认识。对高校体育教学内容的分类进行研究的目的是在体育教学的过程中，便于体育教师对教学内容的梳理和讲授，建立更加清晰的高校体育教学内容体系，保证高校体育教学内容与体育目标之间的联系更加紧密，也便于体育教学工作者对体育教学过程进行合理安排。

但是，由于高校体育教学内容较其他学科的教学内容而言具有很大的特殊性，再加上体育教学内容所涉及的知识较为复杂，因此，高校体育教学内容的分类一直是困扰体育教学工作者和研究者的主要问题。自从体育教学逐渐成为高校教学内容之一并受到普遍关注以来，体育教学研究者就对高校体育教学内容进行了很多不同的分类。高校体育教学内容的分类是一个多角度、较为复杂的工作，这主要是由高校体育教学内容的复杂性所决定的，也是由体育教学内容的多功能性、多价值性所决定的。

（二）高校体育教学内容分类的方法和层次

1. 高校体育教学内容的分类方法具有多样性

高校体育教学内容的分类具有多样性，这种多样性主要取决于高校体育教学内容研究者观察审视高校体育教学内容的角度和方向。因为高校体育教学内容较为繁多复杂，因此在对其进行分类的时候，要多角度地、全面地对内容进行分类和整理，保证其内容的合理性和科学性。

2. 注意高校体育教学内容的层次性

为了避免高校体育教学内容的分类过多，可以先根据其层次的不同进行层次性的分类，然后在此基础上对其进行系统的分类，这样的分类方法较为清晰明了，而且便于教学的开展。例如在进行篮球教学的时候，首先进行运球技术的教授和训练，然后进行传球技术、投球技术的训练，这样有层次的教授和练习有助于大学生对知识和技能的掌握。

（三）我国高校体育教学内容的分类

对于我国高校体育教学内容的分类，长期以来都是体育教学中的主要难题，分类的科学性与否直接关系到体育教学活动能否顺利开展，关系到体育教学质量的高低。因此，对体育教学内容的分类是体育教学研究中的重点工作。以下是我国高校体育教学内容常用的分类方法。

1. 交叉综合分类法

我国推行的高校体育教学内容的分类方法是"交叉综合分类法"，这种分类方法能够使教育工作者多角度、全面地进行体育教学。根据《体育教学大纲》编写者的说明，所谓的交叉综合分类法，实际上就是将高校体育教学内容所涉及的运动实践部分的内容按照运动项目和身体素质两个方面进行分类，将"提高身体素质练习"和"各项运动教学内容"放到一起进行教学。但是，在交叉综合分类法中，将"提高身体素质练习"和"各项运动教学内容"放到一起教学，违反了"同一划分的根据必须统一"的原则，即在对高校体育教学内容进行同一划分时必须以统一的标准为依据，而且要保证在此分类基础上所进行的子项分类不相互排斥，而是相互包容。因此，交叉综合分类法对于高校体育教学内容的划分是存在缺陷的。

2. 根据教学目的进行分类的方法

根据教学目的进行分类的方法首先应该确定体育教学内容分类的上位——以"教学目的进行分类的方法"，在此基础上，再将下位的分类内容稍微改动，就能实现对高校体育教学内容的科学、正确分类。这样不仅不会造成高校体育教学内容在分类上的混乱，而且能促进大学生对体育运动技能方法的学习。

通过对高校体育教学内容的掌握和研究以及对大学生特点、教学特点的研究，将这种分类方法的优点总结为以下四个方面。

（1）明确教学的方法和目的

以教学目的进行分类的方法，结合大学生特点和教学特点进行科学的规定，能够使教学的目的性和教学方法的应用更加明确，为体育教学的开展指明了科学的道路。

（2）保证对竞技运动知识和技能的学习

受传统教学模式的影响，即使在对大学生进行体育教学的时候，教师也难以避免对大学生进行以体育技能竞赛为目的的教学内容的编排。这样就难以发挥高校体育教学内容的全面性，难以保证体育教学目标的顺利实现。以教学目的进行分类的方法，能够按照大纲要求进行高校体育教学内容的编排，打破以竞赛为目的的教材编排体系，从而使竞技运动知识和技能的教学得到保障。

（3）能够避免内容上的重叠

高校体育教学内容繁多复杂，在对其进行分类的时候，按照传统的分类方法进行分类，难以避免分类的重叠或是遗漏。采用以教学目的进行分类的方式，首先对教学内容进行简单的层次分类，然后再根据每个层次内容属性的不同进行具体的分类。这样一方面便于内容的整理，另一方面也利于教学工作的开展。

（4）对体育教学的指导性增强

高校体育教学内容是进行教学实践的指导和基础，教学的指导性也是进行教学内容编写的要求。如何对体育教材进行分类并不是简单的教学问题，它是以科学的理论为依据，需要对教学过程提供指导的。因此，对教学内容的合理分类能使教学目标与内容之间形成良好的对接，从而增强体育教学的指导性。

（四）高校体育教学内容分类的注意事项

对体育教学内容进行分类的目的就是对内容进行科学整理，使内容与教学目标之间形成无缝对接，完成教学目标、方法等的相互贯通，向体育教师更清晰地传达体育教学课程和教学内容，从而指导体育教学的进行。由此可见，高校体育教学内容的分类和整理在教学过程中占据非常重要的地位。

1.教学内容的分类要服从教学目标

高校体育教学内容的分类并不是一成不变的，而是要根据社会和国家的教育方针和教育目标的要求不断变化，所以固定的高校体育教学内容的分类是不存在的。因此，高校体育教学内容的研究者和教材的编写者在对高校体育教学内容进行分类的时候，要不断更新自己的观念，关注社会体育教学目标的变化，使教学内容的分类更好地服从教学目标。

2.教学内容的分类要具有科学性

高校体育教学内容的分类是体育教学过程的指导依据，是实现体育教学目标的根本保障。因此对高校体育教学内容进行分类的时候，要保证其符合教学大纲的根本要求和原则，同时要有科学的观念，这样才能保证高校体育教学内容的分类能够更好地指导体育教学过程的顺利进行。

3.教学内容的分类要具有阶段性

体育教学贯穿高校教育的始终，但是个体的成长具有阶段性，不同年龄段的大学生对知识和技能的接受能力不同，加之体育教学大纲对各个年龄段大学生的教学要求和目标是不同的，所以在对高校体育教学内容进行分类的时候，应当具有阶段性，结合大学生身体发育的阶段进行教学内容的编排。

4.教学内容的分类应为教学实践服务

体育教学对实践性要求较高，实践性是体育教学的一个显著特征。在进行体育教学内容分类的时候，应该适当按照其实践性的强弱进行划分。

对实践性要求较强的高校体育教学内容，多安排实践环节；对实践性要求较弱的内容，根据其性质多安排理论课程的讲授，这样才能全面掌握教学内容的重难点。

5.要明确教学内容的选编原则

随着社会对体育教学要求的不断提高，需要通过体育教学研究对高校的体育教学内容进行调整和优化，而为了保证高校体育教学内容更有利于大学生的成长和发展，首先应该保证体育教学内容的科学性。因此，体育教学研究者首先应该明确高校体育教学内容的选编原则，这也是进行体育教学研究的必备条件。

6.掌握和了解体育校本教材

体育校本教材是体育教师在指导大学生进行体育活动时的参考基础，也是教学内容的载体。无论是哪一个层次的体育教学研究，都是建立在对校本教材完全了解的基础上，掌握当前情况下体育教学的基本内容以及编写方案，为研究提供更多的理论基础和现实依据。

7.研究和了解体育教案

体育教案是体育教师在进行体育教学时的方案和步骤，是体育教学能够顺利进行的前提条件。开展体育教学研究的最终目的就是提高体育教学的质量，其中包括教师的教学方法和策略。对体育教案的了解和研究，能够帮助体育教师认识到高校体育教学内容研究层次的划分方法和要求。

8.了解和掌握体育教学条件

体育教学的实践性极强，为了保证体育教学的顺利完成，首先应该保证良好的物质条件和适宜的教学环境。良好的物质条件为体育教学提供了基础，例如在开展体育教学的时候，高校需要提供诸如单杠、双杠、铅球、跳绳等能够保证体育运动项目顺利完成的物质条件。如果没有这些物质条件的依托，体育教学就会成为一纸空谈，无法落到实处，无法发挥其重要作用。适宜的教学环境同样是体育教学的必备条件，大学生只有在适合开展体育教学活动的环境中，才能真正融入体育教学活动，并且适宜的教学环境能够确保大学生在体育教学活动中的安全，避免不利于大学生安全的事件发生。与此同时，适宜的教学环境能够促进师生之间的交流和互动，促进体育教学质量的提高。因此，在从事体育教学研究的时候，首先应该清楚地了解体育教学条件，只有清楚地掌握体育教学条件，才能在此基础上对教学方案的可行性进行分析和研究。

四、高校体育教材化及其内容

任何一门学科都有其教材化的划分，这是高校学科教学的根本特点之一。为了保证体育教学的正常开展，体育教学工作者应该重视对体育教材化的研究，为体育教学过程提供良好的教学素材，保证教学工作的正常进行。

（一）体育教材化的概念

体育教材化是依据体育教学的目的和大学生发展的需要，针对体育教学的条件将体育的素材加工成高校体育教学内容的过程。体育教材化的概念包括三层含义。第一，体育教材化实际上就是将体育教学过程中的素材进行筛选、加工、编排，最终使其成为教学内容的过程，这是体育教材化最本质、最基础的含义。第二，体育教材化侧重对高校体育教学内容的加工和整理，体育教材也是加工的成果。第三，体育教材化是依据大学生的学习目标，结合大学生的身体发育特点和认知规律，以为大学生创造有利的教学条件作为前提而加工完成体育教学内容的。

（二）体育教材化的意义

综观我国体育教学的现状以及特点，其涉及的内容非常广泛，人们的日常生活、传统的习俗、军队活动，都是高校体育教学内容的良好素材。但是这种素材绝不能被简单地认为是高校体育教学内容。如果将体育教材等同于高校体育教学内容，那么就无法保证教学过程的目标一致性，因为体育教材只是高校体育教学内容的参考，在教学过程中，教师还应根据体育教学的目标以及教学环境进行教学内容的筛选。

体育教材化的意义分为以下四点。

第一，体育教材化是高校体育教学内容选择的依据和前提条件。在教学内容的选择过程中，可以选择一些与教学目标和大学生的发展需要联系较为密切的知识作为教学内容，这样就可以避免教学内容的繁杂，避免教学内容选择过程中目的性不强等问题。

第二，体育教材化是对较为宽泛的高校体育教学内容的加工，这样可以使高校体育教学内容的选择素材更趋近于教学目标和教学实际，缩小体育教学素材与高校体育教学内容之间的差距，使体育教学内容的选择更具有目标针对性。

第三，体育教材化是对高校体育教学内容进行不断编排、整理、选择的过程，因此通过体育教材化对教学内容的加工，可以使所选择的高校体育教学内容具有整体性和系统性，体育教学工作者在教学过程中也能更好地发挥教学内容的教育作用。

第四，体育教材化能够通过对高校体育教学内容进行加工和整理，使原本抽象的教学内容具体化，更容易融入教学活动之中，更容易被大学生接受，从而使高校体育教学内容成为教学活动的依据，保证教学能够有条不紊地进行。

（三）体育教材化的层次

体育教材化有以下两个基本的层次。

第一，编写体育课程标准和教科书的工作。体育教科书是体育教学过程的参考依据，任何一门学科的教学都需要教科书的指导。这个层次的工作一般是由国家和地方的教育行政部门完成的，因为这是整个国家和地区的体育教学过程的参照。编写体育课程标准和教科书的工作，主要是根据教学目标和当今环境，进行教材的分类和加工，然后将所得的成果作为体育教学的教科书，供体育教学使用。

第二，依据课程标准和教学大纲以及教学目标，将体育教材变成大学生学习的内容，这个层次的工作一般由高校的体育教研小组担任。体育教材中的有些教学内容只要求大学生了解，有些教学内容需要大学生掌握。因此，高校的体育教研小组需要结合体育教学目标以及不同年级大学生的身心发展规律和特点，对高校体育教学内容进行细分，使其在体育教学目标的大前提下，更加符合某一个班级或是某一层次大学生的学习需求。

（四）体育教材化的内容

1.高校体育教学内容的选择

体育教材化实际上就是对体育教学素材的整理和加工。所谓的整理和加工就是从宽泛的体育教学素材中选择较符合教学目标、大学生身心发展需要和高校基本条件的内容。由于体育教学内容涉及的范围非常广，因此在进行教学内容的选择时，应该遵守高校体育教学内容选择的原则和程序。

（1）高校体育教学内容选择的原则

要选择符合教学发展需要、目标针对性较强的高校体育教学内容，首先应该清楚选择体育教学内容的原则，具体有以下五条。

1）统一性原则。高校体育教学内容最终的服务对象是体育教学目标，因此教学内容与教学目标要统一，实际上就是指所选择的高校体育教学内容要有相对应的体育教学目标，如在体育课上，要求大学生进行一些诸如跑步、跳远等体育运动项目，实际上是为了增强大学生的体能；让大学生练习单脚站立，是为了提升大学生的身体平衡能力；要求大学生进行小组赛，是为了培养大学生的团队合作能力等。高校在选择体育教学内容时，坚持教学内容与教学目标统一性的原则，一方面能够保证所选择的教学内容的科学性、安全性；另一方面，对大学生而言，还具有很强的身体锻炼价值。

2）科学性原则。高校体育教学内容选择的科学性原则，实际上就是指所选择的高校体育教学内容要有利于大学生的身体发展，能够促进大学生身体素质和运动技能的提高，同时所安排教学的内容要在大学生的身体承受范围之内。在进行体育锻炼的过程中，不能出现有损大学生健康的行为，如不考虑大学生身体发展的特点而对其实施超负荷的教学任务，导致大学生身体的某项机能受到损害。所以，在对高校体育教学内容进行选择时，坚持科学性的原则，这主要包括两个方面：第一，能够促进大学生身心健康的发展，有助于增强大学生的身体运动能力；第二，保证教学环境和教学实施条件的安全性。

3）可行性原则。可行性原则是教学内容选择的基础，是教学过程的基本要求，如果选择的教学内容不具有可行性，那么教学内容的选择就失去了意义。如一个没有足球场地的高校，要加强对大学生的足球运动技能的培养，这种教学内容是不具备可行性的，因为场地限制了这项教学内容的顺利开展。可以看出，可行性原则是指所选择的教学内容能够符合地区大部分高校的物质条件和教学能力以及大学生实际情况的需要。再完善的教学内容，如果没有教学场地和各种器材的支持，也不具备任何实用性的意义，都不应该被选中。

4）趣味性原则。趣味性原则是指选择的教学内容要能激发大学生的兴趣，能使更多的大学生参与其中。例如很多大学生喜欢上篮球课，这是因为篮球运动是当下最为流行的运动之一，大学生可以借助这项运动充分展示自己的活力，并能在运动中感受到乐趣。从大学生的角度而言，体育运动带来的乐趣是大学生参加体育教学活动的动机和目的，只有保证教学内容的趣味性，才能提高大学生的参与热情，使大学生能够积极主动地参与体育教学过程，进而提高体育教学的质量。

5）特色性原则。很多体育教学研究资料显示，将地域特色融入体育教学之中，不仅能够促使体育走进日常生活，还能不断开发体育教学的特色，充分发挥体育教学的创新性，提高人们对体育学习的热情。例如因为舞龙文化而出名的奉化地区，在进行体育教学内容的选择时，就将舞龙作为教学内容之一，这就大幅提升了体育教学的地域特色，以较为贴近大学生生活的教学内容，提升了大学生对体育教学的参与热情。换言之，高校开展体育教学的目的就是提升大学生的体能，因此，在选择教学内容时，也要尽可能地与地域特色结合，以增加体育教学的实效性。

（2）高校选择体育教学内容的程序

高校选择体育教学内容并不是盲目进行，而是依据一定的程序，这样才能保证所选择体育教学内容的清晰性。高校在选择体育教学内容时，需要一个可以操作的、优化的程序。

1）确立教学目标。教学目标在教学内容的选择过程中占据着非常重要的地位。在选择体育教学内容时，应该坚持教学内容与教学目标相统一的原则，如果某些教学内容与教学目标不相统一，那么就应该删除。例如拳击，因为其对大学生会造成一定的身体伤害，所以不应该置于教学内容之中。

2）确保健身性和安全性。为了保证体育教学目标的顺利实现，根据教学的目标和需求选择了一些体育教学内容，但是有时这些体育教学内容并不能成为教学的最终内容，因为教学内容除了要符合目标性的原则，还要能够符合健身性和安全性的原则，这也是教学内容科学性的基本要求。例如前空翻，虽然这一教学内容符合体育教学目标的要求，但是因为其在教学的过程中存在安全隐患，所以应该被删除。

3）判断教学实践的可行性。对高校体育教学内容的选择经过以上两个程序之后，接下来就应该判断这一教学内容是否具有实践的可行性。因为如果一种教学内容不具有可行性，那么即使再好也没有任何的意义。如保龄球运动，虽然符合教学目标的健身性和安全性这两个要求，但是几乎所有的高校都不具备开设保龄球教学的条件，所以这一教学内容不具有可行性，不应该出现在课堂教学之中。因此，判断教学内容的可行性与否，是教学内容选择的第三个基本程序。

4）判断教学内容的趣味性。如果一项体育教学内容不具有趣味性，那么将很难被大学生接受，即使其满足以上三个程序的要求，但是最终也不能保证教学能够顺利开展以及教学目标的实现。如铅球运动，虽然这一教学内容满足以上每一教学程序的要求，但是这一教学过程枯燥无比，无法提升大学生的参与热情。

5）符合终身体育教学观念。体育教学是终身体育教学和社会体育教学的基础，因此在体育教学的开展过程中，要重视高校体育教学内容与社会和地区运动文化之间的关系，尽可能地把高校体育教学内容与社会和地区体育教学文化相结合，这是高校体育教学内容选择的第五个程序。如在艳阳高照、气温居高不下的南方开展滑冰运动，一方面不利于教学的开展，另一方面也不利于教学的基本操作，不应该置于教学内容之中。

为了保证高校体育教学内容的科学性和可操作性，应该按照以上五个程序进行教学内容的选择。

2.高校体育教学内容的编辑

高校体育教学内容的编辑也是高校体育教学内容选择的环节之一。人们通过对体育教材的分析和研究，将高校体育教学内容编辑的相关内容整理如下。

（1）高校体育教学内容的分类

因为体育教学涉及的内容较为宽泛，为了保证教学过程的系统性和整体性，在对体育教学内容进行编辑的时候，应该按照其特点和性质，进行简单分类。

（2）高校体育教学内容的编辑原则

高校体育教学内容大多源于人们的日常生活，涉及的内容也较多，因此，高校体育教学内容的编辑一直都是体育教学理论与实践的难题。通过对体育过程和教学内容的分析，认为高校体育教学内容的编辑一般应该遵循三种原则：一是以学科体系为依据，按照由易到难的层次进行编辑；二是以大学生身心发展的规律为依据进行编辑；三是根据教学的目的进行编辑。

（3）高校体育教学内容的排列方法

高校体育教学内容的排列实际上就是按照其编辑的逻辑顺序进行的，因此在内容排列的过程中，所有的内容都应该遵循学科知识特点和大学生的学习逻辑，同时根据每个教学内容的特点，合理安排课时，并按照内容之间的递进关系，安排每一节课的教学内容。

3. 高校体育教学内容的改造和加工

经过选择和编辑两个步骤后得到的与体育运动有关的知识和内容，都是体育教学的素材，要将这些素材直接运用到课堂之中，还需要一个环节的支持，那就是对体育教学内容的加工和改造，这一过程也是体育教材化的过程，最终将体育教学素材转化为体育教材，融入体育课堂之中。

从我国目前的体育教学现状来看，在体育教材化方面已经取得了初步的成就。我国体育教材化的方法，主要有以下三种。

（1）动作教育的教材化方法

动作教育是国外的一种体育教育思想和体育教材化的方法论，其特点就是将一些体育竞技类运动按照人体运动所应遵循的原理加以归类，提出针对学生进行的教材设计，如"体操""舞蹈"等。这种教材的趣味性较大，操作较为简单，因此适用于低年级大学生的学习。

（2）游戏化的教材化方法

游戏化的教材化方法，主要用以提升大学生的学习热情，其主要适用于一些比较枯燥和单一的运动，因为这种运动较难引起大学生的学习兴趣。为了最大限度地激发大学生的学习热情，可以将这些枯燥和单一的运动通过一些游戏情境串联成游戏，从而激发参加者的兴趣。

（3）理性化的教材化方法

理性化的教材化方法，主要是为了帮助大学生理解一些运动的原理，在教学过程中将"懂与会进行结合"。其主要特点就是挖掘体育运动背后的原理和方法，以探究式和启发式的教学为依据，引导大学生进行教学知识的学习。

除了以上三种常用的教材化方法外，我国还有生活化和实用化的教材化方法、简化的教材化方法和变形的教材化方法等。

4. 高校体育教学内容的媒介化

因为高校体育教学内容较注重实践性和科学性，因此高校体育教学内容的媒介化是体育教材化的最后一项工作。实际上就是对体育教学素材进行选择、编辑、加工之后，最终将其变成嵌入某种教学媒体之上的教学内容，在教师和大学生之间建立一个知识传播的媒介。高校体育教学内容媒介化的载体一般为教科书、多媒体音像教材、多媒体课件、挂图、黑板板书和学习卡片等，通过它们能够直观地将体育教学中相关的知识展现在大学生的面前。

第二节　高校体育教学研究

一、体育教学研究的意义

从培养大学生的角度来看，体育教育是不容忽视的。在体育课上，教师可以采用形式多样的教学方式，借助各种有利于大学生成长的体育活动，加强大学生的身体锻炼，在活动中潜移默化地培养大学生的心理素质、团队意识、沟通交际能力等，这有利于大学生的身心成长和发展。

（一）体育教学研究可以促进体育教学理论的发展

体育教育正式进入我国教育行业并成为一门独立学科的时间还比较短，较其他学科而言，体育教育无论是在教学理论还是在教学实践方面，都有待进一步的研究和发展。在当今体育教学的发展过程中，人们对体育教学的研究主要是对一些运动、锻炼等活动进行研究。但是体育作为一门独立的学科，与运动、锻炼等活动在目的、内容、性质、意义等方面都存在很大的差别。因此，为了更好地保证体育教学的实施，提升体育教学质量，应该从当前体育教学的实际情况出发，从体育教学的特殊性出发，结合大学生成长的特点对体育教学进行深入的分析和研究，制定出一套符合体育教学的理论和方法，降低体育教师进行体育教学时的盲目性，让其更好地为体育教学服务。

（二）体育教学研究有利于体育教学的改革和发展

近年来，改革成为我国教育事业所面临的一个重要课题，在教育改革政策和方针的约束和指引下，各个学段、各个学科的教学改革正在紧张地进行，体育教学改革也正如火如荼地进行着。但是，我国体育教学的改革一直面临三个方面的问题：第一，目前关于体育教学的理论研究不充分，因此无法把握体育教学改革的方向；第二，缺乏对体育教学方法的研究，无法寻找有利于提高体育教学质量的教学手段和方法，无法保证体育教学改革的进一步实施；第三，缺乏对当前情况下的体育教学改革过程中涉及的新理论和教学方法的可行性分析，无法衡量体育教学改革政策的适合与否。因此，科学的体育教学研究有利于正确地把握我国体育教学事业的发展方向，有利于科学的体育教学方法的发现和实施，有利于可行性体育教学模式的发掘，有利于我国体育教学的改革和发展。

（三）体育教学研究有助于体育教师能力的提高

随着社会的发展进步，信息更新的速度不断加快，教学质量也在进一步提高，社会对教师的教学能力和知识储备的要求也在不断提高，因此，教学与研究互相渗透已经成为提高教学质量、完善教师自身素质的必经之路。体育教学研究能够直接提高体育教师的教学能力，可从四个方面进行分析。第一，能够提高体育教师的教学设计能力。体育教师在研究体育教学的过程中，会增强问题意识，更加清晰明了地拓宽体育教学设计的思路，完善体育教学的方法。第二，能够不断地激发体育教师的创造性。体育教师在进行体育教学研究的时候，其所接触到的体育教学方面的知识也更加直观、全面，认识到的教学实践也更加客观和深入。第三，能够帮助体育教师获得更多的新知识，不断地拓宽其知识面。第四，能够促进教师之间的交流和合作，更好地促进体育教学知识和教学实践经验的增长。因此，体育教学研究有助于体育教师教学能力的提高。

二、体育教学层次的研究

从当前体育教学的特点以及体育教学研究的成果来看，体育教学研究并不是单一的研究层次。按照体育教学研究的不同内容进行层次的划分，不仅有利于教学研究的有效进行，而且有利于开展全面、深入的研究。

（一）描述现象层次的研究

描述现象层次的研究虽然是体育教学研究中最基础的工作，但也是最重要的工作。因此，在进行这一层次的研究时，首先应该保证研究的客观、准确、全面性，这样才能获取体育教学各个层次的可靠信息，才能为体育教学的继续研究提供充足的信息。

（二）对描述现象进行解释和归因层次的研究

所谓对描述现象进行解释和归因层次的研究，其实就是在描述现象层次研究的基础上，对所描述的现象结合体育教学的特点进行综合分析，研究出阻碍体育教学质量提高的原因。解释的主要意义在于帮助人们理解体育教学现象之间存在的联系，归因的主要任务就是阐述这种现象发生的实际原因。这一研究属于体育教学研究的中级层次，但是，目前我国很多体育教学研究者对这一现象的研究不深入、不全面。对于体育教学研究而言，要想不断地提高体育教学质量，就应该对目前体育教学中存在的现象进行正确、深刻的分析和归纳，这样才能正确地揭示体育教学中一些阻碍教学实施的现象，从中得到正确的因果关系。

（三）实证层次的研究

通过对体育教学研究层次中的第二层次（对描述现象进行解释和归因层次的研究）的研究，可以清楚地把握目前体育教学现象的因果关系，因此，实证层次的研究实际上就是对第二层次所获得的因果关系进行实证研究，其主要目的就是验证第二层次中所研究的因果关系能否在真实的体育教学环境中发生。因此，实证层次的研究是体育教学研究中的中心环节，这个环节可以获得最可信的研究结果。实证层次研究的主要方法是实验法，通过实验让假设的命题在一次次的实验中获得永恒的规律。但是由于体育教学研究面临很多不确定的因素，具有很强的社会性，在研究的过程中不可能像一般的实验研究那样拥有很多的可控制因素，因此，在进行实证研究的过程中，应该精心地进行命题的假设和推理，全面地设计实验，对实验所得出的结论进行恰当的总结和分析。

（四）理论和外推层次的研究

对于体育教学研究而言，在对所研究的体育教学规律进行实证研究之后，就应该将其概括总结为理论知识，因此，理论研究的主要目的就是说明体育实证层次研究中所得到的因果关系或体育教学规律的发生条件和原则。由于目前我国体育教学缺乏理论方面的创新，因此这一环节对于体育教学质量的提高很重要。外推的本质意义就是将所得的理论知识应用于实践教学之中，所以在进行理论和外推层次的研究中，最重要的是对理论知识进行高度概括，并找出合适的外推手段。

三、体育教学研究的特点

众所周知，体育教学与其他学科的教学有着很大的区别，因此，体育教学研究也不等同于其他学科的科学研究和教育理论研究。根据体育教学的特点可知，体育教学研究的主要特点是学理性、实践性和复杂性。

（一）体育教学研究的学理性

体育教学本身就是以传递体育教学相关的知识和技能为过程的教学，所以其方方面面都是围绕着教与学进行的，无论是教师教授的过程还是大学生接受学习的过程，都必须遵守教学的规律。因此，对体育教学的研究和其他学科的教学研究一样，归根到底都是学理性的研究，如果体育教学不具有这一特点，那么教学就无法科学、有效地进行。

（二）体育教学研究的实践性

体育教学的很多理论知识是在实践的基础上产生的，并且在实践中得到验证，这使得教学理论能够在不断的实践中得到检验、修正、丰富和发展。因此，教学研究也应该围绕教学实践进行，这样才能使体育教学研究成为真正有意义的研究。换言之，如果体育教学研究脱离了教学实践，那么将失去研究的意义。

（三）体育教学研究的复杂性

体育教学活动是由多种因素和变量组成的，但是这些变量之间并不是孤立存在的，每一个变量都与其他的变量相互制约。开展教学研究的根本目的，就是将这些变量之间相互作用的复杂关系展现出来。人们通过对体育教学的研究，提出体育教学变量主要由三类变量组成：一是环境变量，主要表现为课堂环境和状态对学习效果的影响；二是过程变量，是指师生的课堂行为、知识特点等对学习成果的影响；三是结果变量，是指教师所期望的以及教师拟订教学活动计划所依据的、可用有效的教学目标和标准加以衡量的教育成果。

四、体育教学研究的目的

开展体育教学研究成为提高我国体育教学质量的唯一出路。体育教学研究的目的主要表现在以下五个方面。

（一）提高我国体育教学理论水平

虽然体育教学在我国已经有一百多年的历史，但是相对于其他学科，其起步的时间较晚，再加上受到传统教育观念的影响，许多高校忽略体育教学，导致我国体育教学在理论知识上存在不足。我国的体育教学理论一方面沿袭了传统的体育教学理论，另一方面来自对其他国家的有关体育教学理论的借鉴。但是，随着时代的发展，沿袭而来的体育教学理论已经不适应现在对大学生的体育教学要求；由于所适用的大学生群体不同，借鉴其他国家的体育理论与实际教学也存在很大的矛盾。开展体育教学研究，能够在充分了解当前体育教学存在的不足的基础上，对当前体育教学中存在的问题和不足进行深入分析和研究，找出传统体育教学理论需要补充和修改的理论内容。再根据我国大学生成长的特点，将由国外借鉴而来的体育教学理论与传统体育教学理论进行科学融合，这样才能完善我国的体育教学理论，提高我国的体育教学理论水平。

（二）对体育教学进行改革

随着素质教育的不断推行，各类学科都在根据社会的需求进行教学改革，体育教学改革也受到了关注，但是体育教学改革一直面临着理论研究不充分的问题。因此体育教学无法探明改革的方向，也无法把握改革的方法和手段，即使在借鉴外国的改革经验进行改革的时候，也缺乏对中国体育实际教学的可行性研究。因此体育教学研究应结合大学生的特点、社会的需求、社会的发展趋势等进行，确定体育教学的改革方向，不断优化体育教学方法，并运用假设和实验的方法对所获得的新教学方法进行可行性分析和研究。

（三）提高体育教师能力

随着社会的不断进步，任何学科对教师的能力要求都在不断提高。

从教师的职业发展来看，教师是一个需要终身学习的职业，要随着社会的变化不断更新自己的专业知识和技能。目前，教学与研究相结合成为教师提高自身知识水平和教学能力，提高教学质量的必经之路。对于体育教师而言，他们在对体育教学问题的研究过程中，能够发现和学到更多有关体育教学的知识；在不断发现问题和解决问题的过程中，获得有关体育教学的新知识，对体育教学实践的认识也更加全面、深入、客观；在不断的研究过程中，还能对所研究的问题进行总结，从而激发其在体育教学方面的创造性。同时体育教学研究能够促进体育教师之间的交流和互动，从而提升体育教师团队的整体水平。

（四）规范体育教学流程

体育教学研究，实际上就是对体育教学过程中涉及的各种教学因素以及教学规律进行的研究。任何一种教学都是从初步走向成熟、从适应走向规范的。教学实践和教学过程的规范实际上是相辅相成的关系，教学流程在教学过程中起到指导性的作用，同时教学过程也在实践中影响着教学流程，使其不断完善和规范。开展体育教学研究的根本目的之一，就是通过对教学过程的监督和分析，找出教学流程中导致教学效果不理想的原因，然后对其进行改正和优化，规范体育教学流程。

（五）提升我国体育教学研究团队的整体水平

优秀的体育教学研究团队，需要在不断研究、突破、创新中不断提高。如果一个团队缺少针对本专业的研究队伍，那么不仅这一团队的整体水平会下降，还会使体育教学研究失去竞争力。在改革开放的今天，各国之间的教育、经济等都趋于透明的状态，即使是同一个地区或是同一高校的体育教学之间也存在竞争的关系。在这种市场竞争逐渐激烈的环境下，如何不断地突破自己，提升整个团队的科研水平，提升体育教学研究者的专业能力，不仅是每一位体育教学工作者应该面对的问题，也是市场竞争的必然趋势。教育工作者从事体育教学研究，可以在不断的研究过程中，提升自己的专业知识，优化自己的专业技能，同时增强自己在体育教学方面的能力，从而提高我国体育教学研究团队的整体水平，提升我国的体育教学质量。

通过上述对体育教学目的及其研究目的的介绍，可以看出，随着体育教学地位的逐渐上升，教学研究已经成为当前体育教学过程中的新课题，也是体育教学工作者必须面对和探讨的课题。无论处在何种地位的体育教学工作者，都应该积极参与体育教学研究的工作，不断地发现体育教学过程中的问题，创新自己的思路，以保证体育教学质量的不断提高。

五、体育教学研究的条件

体育教学研究是一个多因素的、复杂的教育活动，其中有待解决的问题还有很多。由此可以看出，体育教学研究所需要的条件也有很多。体育教学研究所需要的条件主要有以下五个方面。

（一）对教学主体的了解和掌握

大学生是体育教学的参与者，也是教学任务的接受者，没有大学生，体育教学就失去了意义，因此在对教学进行研究的过程中，必不可少的条件之一就是了解大学生。在体育教学研究过程中，除了大学生这一学习主体之外，教师也起到非常重要的作用。因此除了要充分了解大学生，还要了解体育教师在教学过程中存在的不足以及需要改善的地方，为体育教学研究提供研究基础和材料。对大学生和体育教师的了解和分析是体育教学研究的对象之一，也是进行体育教学研究过程中其他方面研究的必备条件。体育教学研究过程中对于教学主体的了解和掌握具体包括以下四个方面。

1. 各个年龄阶段大学生的身体发展状况

体育教学同其他学科的教学一样，是一个循序渐进的过程，具有阶段性。因此，在进行体育教学和研究的过程中，首先应该清楚各个阶段大学生的身体和心理的发展状况，这样有助于体育教学研究者制订针对性的研究计划和体育教学改革的策略。

2. 大学生对体育课的兴趣

对任何一门学科而言，学生的学习兴趣都是提高这门学科教学质量的催化剂。调查大学生对体育课的兴趣也是体育教学研究的关键一环，这样能从大学生的角度出发，了解大学生对体育教学的需求，有助于体育教学研究的不断深入。

3. 体育教师的职业特点和能力结构

了解体育教师的职业特点和能力结构，能够掌握我国体育教学过程中对教师能力以及综合素质的要求，明确现实与要求之间的差距。这样才能明确体育教学研究中教师能力提高的方向，优化教师队伍。

4. 体育教师所具备的基本条件

随着新课改要求的不断深入，体育教学在高校教育中占据越来越重要的地位，也逐渐发挥其自身的重要作用。体育教学是一项较为复杂的实践性教学，因此要求体育教师必须具备专业的体育教学知识和较高的教学能力等。研究体育教师所具备的基本条件，有助于明确体育教师能力研究的范围。

（二）明确体育教学研究的思想和目标

体育教学研究是一项有意识、有计划、有组织的研究性活动，一切体育教学类的研究活动都离不开对体育教学价值的判断和思考。明确体育教学研究的思想和目标，从研究意义上说，就是把握体育教学研究的方向，在研究的过程中极力发掘有利于体育教学发展的体育教学理论和教学方法。体育教学研究的思想是指导体育教学研究者行动的主要依据，缺少体育教学研究的思想就无法顺利实现体育教学研究的目标。特别是在我国积极倡导教学改革的时期，体育教学受传统教学观念的影响，很难突破传统教学模式和教学方法的局限。在这种格局下，只有明确研究目标、坚定研究思想，才能将体育教学研究的目的落到实处，才能不断提高我国体育教学的质量。要明确体育教学研究的思想和目标，需要清楚如下内容。

1. 体育学科的功能与价值

体育学科的功能和价值是确定体育研究目标的前提条件，也是从事体育研究必须具备的条件，两者缺一不可。体育学科的功能与价值明确了体育教学在高校教育中的重要作用，为体育教学研究提供目标参考和研究方向的借鉴。

2. 体育教学研究的指导思想

体育教学之所以能够上升到一门研究性学科的重要地位，主要是因为我国已经认识到体育教学在大学生成长和发展中的重要作用。体育教学研究的指导思想是保证体育教学研究顺利进行的前提条件，因此，只有明确体育教学研究的指导思想，才能保证体育教学研究有条不紊地进行。

3. 体育教学研究的目标

体育教学研究的目标是体育教学研究的指导，它为体育教学研究指明了方向，奠定了坚实的基础。只有明确体育教学研究的目标，才能更加清楚体育教学研究的方向，明确体育教学研究的意义。因此，明确体育教学研究的目标是体育教学研究的前提条件之一。

4. 当前体育教学改革的方向

随着素质教育的全面推行，体育教学也被正式纳入新课改的范畴，新课改也因此成为体育教学研究的必经之路。与此同时，在从事体育教学研究的时候，也应该清楚体育教学改革的方向，这也是体育教学研究的方向。因此，明确体育教学改革的方向是开展体育教学研究必备的条件之一。

5. 世界各国体育教学研究的状况

改革开放在促进各国经济交流的同时也促进了各国教育事业的交流。体育作为一门学科被正式应用到教学过程之中，最根本的原因就是借鉴其他高校的教育模式。关注世界各国体育教学研究的状况，能为我国的体育教学研究提供更多的借鉴，这对于体育教学研究是有利而无害的。

（三）明确体育教学的过程

体育教学是体育教育活动的主要表达形式，体育教学也是保证大学生健康成长的主要方法。但是，体育教学与其他学科的教学又有着很大的不同，因此明确体育教学的过程是体育教学研究的重要内容。明确体育教学的过程既是体育教学研究需要掌握的基本理论问题，也是体育教学研究活动顺利进行的前提条件。详细地了解和掌握体育教学的过程，明确体育教学过程中所涉及的一些基本步骤和内容，是正确认识体育教学的本质、特点和教学中所涉及的一系列教学规律的基础。体育教学过程对教育本身而言，是教育目标实现的根本途径，而教育研究的根本目的就是提高教学质量，教学质量的提高体现在教育过程中的每一步。因此，体育教学研究者必须明确体育教学的过程，这样才能保证体育教学研究具有教学针对性，起到实现体育教学质量提升的重要作用。

作为体育教学研究的前提条件之一，对体育教学过程的了解和掌握主要包括以下四个方面。

1. 体育教学过程的特点

体育教学过程的特点是体育教学区别于其他教学的明显特征，也是了解体育教学过程所必须掌握的关键因素。体育教学过程是一个特殊的教学过程，也是一个十分强调实践性的教学过程，并且教学过程会受到很多不确定因素的干扰。因此，对每一位体育教学研究者而言，要明确体育教学过程的特点，这样才能帮助他们更清楚地掌握体育教学的过程。

2. 体育教学设计

体育教学的过程实际上就是体育教师对体育教学进行教学设计的过程。体育教学设计要体现不同阶段大学生的特点，所设计的教学活动也要有利于大学生的成长和发展。因此，体育教学设计是体育教学过程中的重要环节，是体育教学过程不断优化的有力保障。体育教学研究者应该具备体育教学设计的能力，清楚教学设计的功能和作用，这样才能促进体育教学研究的不断深入。

3. 体育教学过程"三段式"

体育教学过程"三段式"是一种新的体育教学形式，也是保证体育教学过程顺利进行、保证体育教学质量的主要形式。"三段式"教学过程是指将体育教学过程分为开始、准备和结束三个部分，体育教学研究中对体育教学过程的研究也要依照这三个部分进行。因此，体育教学研究者应该具备对教学过程中"三段式"的理解和运用能力。

4. 体育教学方法

体育教学方法是体育教学过程的重要组成部分，它是衡量体育教学过程是否有利于大学生成长和发展的主要依据。在进行体育教学过程的研究时，应该清楚每一种教学方法，详细地了解每一种教学方法适用的大学生群体以及它们的功能和价值，这样才能对教学方法进行可行性研究。

（四）了解体育教学的内容

体育教学是通过教师向大学生传授体育运动这一技术载体而实现的。对于体育教学而言，体育教学活动的运动技术较为丰富多彩，而且每一种体育教学活动均有其特定的功能和作用。因此，高校体育教学内容是体育教学研究的方向之一，也是体育教学活动的载体，是体育教学能够顺利进行的保证。对体育教学研究而言，只有充分了解体育教学的内容，才能更清楚地确定体育教学研究的方向。因此，了解体育教学的内容是体育教学研究尤为重要的前提条件之一。

高校体育教学内容包括很多方面，对于高校体育教学内容的了解主要包括对体育与健康知识的了解、体育运动文化知识了解、高校体育教学内容的选择依据了解、体育教科书了解、体育教学计划了解等诸多方面。

1. 高校体育教学内容的逻辑

高校体育教学内容较为复杂，这就需要体育教学工作者厘清各教学内容之间的特点和关系，这样才能明确各内容之间的逻辑，便于研究过程中各内容的分类与整合，保证教学研究正常进行。

2. 高校体育教学内容的选择标准和程序

高校体育教学内容的选择标准和程序，是体育教学研究中必须明确的问题之一，是进行体育教学内容研究和教学过程研究的前提。如果高校体育教学内容的选择标准和程序不明确，那么就无法保证体育教学研究的科学性。

3. 对民族传统体育活动的了解

体育来源于生活，每一个地区的传统运动项目都有其背景和意义，但是随着社会的不断发展，一些具有地方特色的传统运动项目逐渐走向消亡。为了使大学生对地域传统运动项目进行继承和发扬，保证该地区的体育教学项目能够凸显地域特色，新课标强调体育教学必须具有当地民族传统特色，这是体育教学研究的任务之一。

（五）考量体育教学条件

体育教学具有很强的实践性，因此体育教学离不开良好物质条件的支持，同时对教学环境也有很高的要求，否则就不可能有高质量的体育教学。在进行体育教学研究的过程中，研究者需要对教学条件进行充分的考量，主要包括了解体育教学的环境和内容，掌握教学场地和器材的现状，清楚体育教学中所需场地和器材的标准，清楚新型运动器材和运动器具的用法和作用等。只有这样，才能保证体育教学研究过程的全面性和科学性。

1. 掌握教学场地和器材的现状

体育教学研究也是对体育教学过程的研究，其根本目的就是不断优化体育教学过程，提高体育教学质量。因此，在对体育教学进行研究的时候，首先要对体育教学的场地和器材现状进行调查，以便更好地掌握体育教学的动态，从而对体育教学开展更为细致的研究。

2. 清楚体育教学中所需场地和器材的标准

每一个阶段的体育教学，其对场地和器材都会有不同的要求，这是保证体育教学过程正常进行的基础。在体育教学研究过程中，应该清楚体育教学场地和器材的标准，以便研究者根据此标准进行合理的研究，在研究中保证对教学场地和器材的进一步优化。

3. 清楚新型运动器材和运动器具的用法和作用

随着科学技术的不断发展，新型运动器材和运动器具的用法和作用逐渐成为体育教学研究中的重要内容之一，这也是体育教学研究的条件之一。每一种运动器材和运动器具相对应的教学作用和功能以及适用的人群有所不同，为了保证体育教学研究的有效性，并且能够让新型运动器材和运动器具在教学过程中的作用得到充分地发挥，体育教学工作者需要清楚新型运动器材和运动器具的用法和作用。

第四章

高校体育教学的创新理念

第一节　高校体育教学中的科学教育理念

一、高校体育教学科学理念的实施

顺应时代发展的潮流是高校体育教学发展的必然趋势。体育教学只有顺应这个趋势，才能实现可持续发展。

（一）体育教学应重视培养学生的自觉能动性

在学校体育教学中，如果体育教师能够充分尊重学生的体育兴趣、满足学生的体育需要，就能为学生的终身体育学习打下坚实的基础。因此，体育教学应激发学生学习体育的热情和兴趣，使学生在掌握体育与健康的基本知识和运动技能的同时，学习体育的基本方法，并培养学生的自觉能动性。只有学生才是学习和发展的主体，只有把学生培养成为教学活动的主人，使其积极主动地学习，才能提高学习效率。

教师对学生参与活动的先行设计，在一定程度上决定了学生能否积极、主动地参与体育教学过程。基于此种情况，体育教师应抓住这一契机，让学生在繁重的文化课后卸下包袱，释放自己，轻装上阵。

通过以上这些措施，学生就会切实地感受到运动的乐趣和价值，从而更加主动地参与体育运动锻炼，并把体育运动锻炼发展为自己的终身爱好。①

---

① 沈建敏.体育教学创新与运动训练研究[M].北京：新华出版社，2018.

（二）有效实施"阳光体育"

在内容决定形式的前提条件下，校园"阳光体育"的活动形式应根据不同的活动内容和目标任务，紧密结合诸如早操、下午体育活动、运动会、高校联赛等来选择。终身体育是学生步入社会后所面临的一个贯穿一生的自发、自主的教育过程。值得一提的是，终身体育锻炼的内容、形式、时间和地点等方面都具有自发、自主的特点。体育教学中应注重学生兴趣和自觉锻炼意识的培养，最终达到全面发展的终极目标。

二、高校体育教学活动的科学化保障

（一）"极点"和"第二次呼吸"

在剧烈运动时，特别是中长跑时，人体会产生胸闷、呼吸急促、动作迟缓而不协调甚至恶心等现象，这在运动生理学上称为"极点"。调节呼吸后动作将变得协调有力，呼吸均匀自如，一切不良感觉消失，身体恢复正常，此种现象在运动生理学中称为"第二次呼吸"。

1. 原因

产生"极点"的主要原因是人体各器官系统都有生理惰性，而内脏器官的惰性大于运动器官，从事剧烈运动时，运动器官能很快达到最高机能水平，而内脏器官跟不上运动器官的需要，造成机体缺氧和酸性代谢产物的堆积。"极点"出现后，如果坚持继续运动，内脏器官的惰性将逐渐被克服，改善氧的供应，加上"极点"出现后运动速度减慢，使运动器官和内脏器官的功能关系基本协调，生理过程出现新的平衡，故出现了"第二次呼吸"。

2. 处置与预防

"极点"和"第二次呼吸"是长跑运动中常见的生理现象，无须疑惑和恐惧。只要坚持经常锻炼，剧烈运动前做好准备活动，运动中适当增加呼吸深度，稳定情绪，"极点"现象是可以延缓和减轻的，甚至可以不出现。

（二）肌肉痉挛

肌肉痉挛是指肌肉进行不自主的强直性收缩，变得僵硬、疼痛，俗称"抽筋"。

1. 原因

在寒冷环境中运动时，肌肉受到寒冷刺激易引起肌肉痉挛，这常在游泳或冬季户外锻炼时发生。长时间高强度运动，特别是在夏季从事长时间高强度运动时，由于大量排汗，也能使人体内水盐代谢失调而引起痉挛。

2. 症状

局部肌肉剧烈收缩发硬，疼痛难忍，而且一时不易缓解。

3. 处置

遇到肌肉痉挛要沉着、冷静，缓慢、轻柔地拉伸肌肉，并对抽筋部位进行按摩。

4. 预防

首先应加强运动锻炼，提高身体对不同天气的适应能力；运动前做好准备活动，对容易发生痉挛的部位，事先应适当按摩；夏季进行长时间运动时，应适当补充盐分；在水中停留时间不宜过长；疲劳和饥饿时，不要进行剧烈运动。

（三）腹痛

腹痛是指在运动过程中或运动结束后，由于运动锻炼而引起或诱发的腹部疼痛。它常发生在长跑、马拉松跑等耐力性运动项目中。

1. 原因

腹痛的主要原因是运动前准备活动不充分，开始时运动过于剧烈，内脏器官功能尚未达到正常状态，致使脏腑功能失调；也有的是因腹部受凉，引起胃肠痉挛；少数人因运动时间过长或过于剧烈，使下腔静脉压力上升，引起血液回流受阻，致使两肋部胀痛；慢性阑尾炎、溃疡病等患者在进行剧烈运动时，病变部位受到震动、牵扯等刺激也会引发腹痛。

2. 症状

腹痛的部位主要依发病原因而定，由肝脾贫血引起的腹痛、肝痛在右季肋部，脾痛在左季肋部，疼痛性质为胀痛或牵扯性痛；肠痉挛、肠结核引起的腹痛在腹腔中部；饱食后运动疼痛常发生在上腹部或中腹部。

3. 处置

人们在运动中发生腹痛时，如果没有器质性病变的迹象，一般可采用减慢跑步速度和降低负荷强度，加深呼吸，按压疼痛部位或弯腰跑一段距离等方法处理，疼痛常常会减轻或消失。

4. 预防

膳食安排要合理，饭后经过一定时间（约 1.5 小时）以后才可以进行剧烈运动；运动前不宜过饱或过饥，也不要饮用过多的汤水；夏季运动后要适当补充盐分；对于各种慢性疾病引起的腹痛应就医检查，病愈之前，应在医生和教师指导下进行运动。

（四）运动性肌肉酸痛

参加运动锻炼的人，特别是刚开始参加锻炼的人，在运动之后往往会有肌肉酸痛的感觉，这在运动医学中叫作运动性肌肉酸痛。

1. 原因

近代运动生理学的研究表明，运动后肌肉酸痛是运动时肌肉活动量大，引起局部肌纤维及结缔组织的细微损伤，以及部分肌纤维的痉挛所致。

2. 症状

由于这种酸痛现象只是局部肌纤维损伤和痉挛，不影响整块肌肉的运动功能（但存在酸痛、发胀、发硬等感觉），所以酸痛后经过肌肉内部对细微损伤的修复，肌肉组织会变得更加强壮。

3. 处置

运动性肌肉酸痛是经常发生的。当已经出现运动性肌肉酸痛后，采取以下这些方法有助于酸痛的减轻或缓解。①静力牵拉法。可对酸痛的局部肌肉进行静力牵拉练习，即将肌肉先慢慢拉长，然后在拉长位置保持 2~3 秒静止状态。注意不可用力过猛，以免牵拉时再使肌纤维损伤。②按摩。运动后有条件应进行按摩，使肌肉放松，促进血液循环。③热敷。对酸痛的局部肌肉进行热敷，可促进血液循环及代谢过程，有助于损伤组织的修复及痉挛的缓解。④针灸和电疗。对酸痛的局部肌肉进行针灸和电疗，可起到良好的缓解效果。

4. 预防

人们在运动前，应充分做好准备活动，并注意对即将练习时负荷重的局部肌肉进行活动；尽量避免局部肌肉负担过重；运动结束后，也要做好相应的整理活动，应重视肌肉的伸展性练习等。

第二节　高校体育教学中的人文教育理念

一、人文教育思想是未来的发展方向

（一）人文教育思想是和谐社会发展的必然趋势

人文教育主张以人的和谐发展为目标，最终目的是通过教育促使人的尊严、人的本性、人的潜能得到最大程度的发展。它批判现今主流教育的思想意识，建议发展人的天性、解放人的个性、激发人的潜能，最终促进学生全面综合发展。课程改革重视对学生人文素养的教育，它主张学生自身的和谐发展。[①] 课程改革明确指出，要使学生具有强健的体魄和良好的心理素质，养成健康的审美情趣和生活方式。如今课程改革一改以往只关注学生身体健康的做法，还主张让学生富有兴趣地成长。当然，最重要的是它体现了当今社会特有的人文精神。

（二）人文思想在体育中的体现

"人文奥运"是奥林匹克精神的彰显，早期的奥林匹克运动的思想来自文艺复兴至启蒙运动时期的人本主义思想。顾拜旦创立奥林匹克运动的初衷就是使奥林匹克理想得到传播，以一种全新的视角去引导年轻人，使

---

① 　陈轩昂. 新时期高校体育教学的改革与发展 [M]. 北京：航空工业出版社，2019.

他们的身心得到和谐发展。

受奥林匹克运动的影响，学校体育也应该在健康的基础目标之上，把人的全面发展作为基本着眼点，对学生进行适时的人文关怀。从这点来看，体育与人文的内涵是一致的。这就要求学校体育教学的目的设定为培养德、智、体、美、劳全面发展的新型人才。

（三）人文教育思想在传统体育教学工作中的缺失

我国早期的学校体育教学的主要目的是"增强体质"和"传授技能"。学校体育兼有身体属性和社会属性，在道德教育、修身养性等方面，有着特殊的意义和价值。学校体育必须改革自己的方针，响应人文教育的号召，摆脱传统技能教育的束缚，释放学生的天性和人文性。

（四）人文教育思想成为"体育与健康"课程改革的核心理念

我国"体育与健康"课程改革的根本指导思想是"健康第一"，学生在学校的体育学习中能够通过各种学习方式、锻炼方式达到身体健康。"体育与健康"课程改革进行了价值本位的转移，即由以学科为本位转向以人的发展为本位，学科教学以人的发展为本。

如今，我国正处在由应试教育向素质教育、由传统教学理念向课程改革理念变革的时期，在这一变革过程中，理念需要不断与时俱进，人文精神需要融入其中。这对体育教师提出了新的要求，它要求教师对学生的实践能力和创新精神进行塑造，要求教师重视发展学生的个性，并注重对学生人文素养的培养。在课程改革的要求下，"体育与健康"课程注重培养学生的人文精神。只有人文精神渗透于体育教学之中，才能实现教育观念的推陈出新、与时俱进，使教师更好地认知和理解新课改，并把新课改理念深入、具体地运用到体育教学实践中。

二、人文思想在高校体育教学中的渗透

（一）树立富有人文精神的教学观念，设置新的教学目标

"终身体育""全民体育"的口号在我国相继提出。体育与健康教育，

主张"健康第一";素质教育,主张发展学生的创造力,培养学生的体育能力。因此,体育教师必须既抓眼前,又要兼顾长远,在增强学生体质之余,也大力发展学生的体育素养、体育习惯和体育能力。

（二）设置符合大学生兴趣、可使其终身参与的教学内容

在人文体育理念的影响下,高校体育教学内容必须与时俱进、推陈出新。经历九年义务教育和高中体育教育之后,大学生在技能与体能方面,水平往往较高,个性特征也比较鲜明。体育教学应该为学生提供更广阔的选择空间,帮助其拓宽视野,激发身上的体育因子,调动其参与体育运动的积极性,为其终身体育思想奠定基础。

（三）采用适宜的教学方法

适宜的教学方法会大大提高教学的效率。体育教师应在一次次教学方法的尝试中,找到最适宜的方法,进而提高大学生体育锻炼的兴趣,培养大学生体育锻炼的情感,积累体育锻炼过程中的经验,使其体育价值观日趋成熟。体育教师应广泛采用那些可以发挥学生主观能动性、促进学生身心健康、施展学生个性的教学模式,使得体育教学不仅是传道、授业、解惑,还能够寓教于乐。因此,体育教学在促进学生社会化发展的进程中功不可没。就高校体育教育而言,它还是一种养成教育,通过对学生体育爱好的强化,逐步养成一种相对稳定的运动习惯,并通过长期坚持,最终使之成为大学生健康的生活方式之一。

（四）体育教学单一评价体系向复合型评价体系转移

体育教学评价若要体现人文精神,就必须做到三点:第一,不能为"评价"而评价;第二,评价的形式应该更客观;第三,评价的内容应全面,评价既包括学生的自我评价和相互之间的评价,又包括对学生自身技能的考核,还应包括对教师的评价。

"以人为本"既是现代教育的发展趋势,也是体育教学发展的必然结果,应该及时更新体育教学观念,进一步认识体育教学工作的内涵。在新

型教学模式的创新以及教学评价体系的更新等方面积极探索，将人文主义精神真正渗透到具体的体育教学实践之中。

第三节　高校体育教学中的终身教育理念

一、终身教育思想概述

（一）终身教育思想的阐释

终身教育包含涉及人的教育的各个层面与方向，从出生到临终未曾间断地发展，以及各个不同的点与发展阶段之间非常密切且有机的关系。

终身教育思想并不是现代体育思想的一个新名词，它发源于古代，并在人类历史长河中不断积淀、丰富、发展和完善，在现代得到提倡和发展。终身教育思想的观点主要包括三点：第一，从教育历程来看，人从出生直至生命终结都是受教育的过程；第二，从学习方式来看，人不再一味地被动接受学习，而是自我主动地学习；第三，从教育目标来看，终身教育重在发展完善的人与和谐的社会。终身教育思想有利于变革社会主流的教育思想观念，使其朝着科学化的方向发展。

（二）终身体育思想下高校体育教学的改革研究

当今的学校体育教育已经慢慢跨越了学校的围墙，时间上由学生时期延伸到工作后，空间上由学校延伸到社区。就纵向而言，学校体育分为学前体育、学中体育、学后体育，或幼儿体育、中学体育、大学体育以及就业以后的体育。就横向而言，学校体育体系是终身体育体系中的一个重要构成，它并列于家庭体育、社会体育，使得学校体育与社会体育、家庭体育统一发展。三者密切配合、相互协调，形成一个由幼儿体育、青少年体育、中老年体育有机贯穿的以全民为对象的终身体育教育体系。高校终身体育教学主要可以从以下四个方面入手。

1. 延伸教学范围

体育课堂教学毕竟是有限的，只有把体育课堂向外拓展，才是真正培养学生的体育兴趣、激发学生的体育动机、提高学生的技能的有效途径。基于此，学校应该结合实际情况，经常开展如年级联赛、俱乐部赛等丰富多样的课外竞赛活动，以便学生有选择、参与和展示自己的机会。此外，还可以通过开展一些知识竞赛，来提高学生对体育文化理论知识的理解和掌握。学生能在实践中学有所用，更加懂得保护自己，更加有成就感，从而激发更大的运动热情。

2. 完善教学方法，多种教学方法并用

在过去传统的体育教学中，教学方法一成不变、单一乏味，吸引不了学生的兴趣，激发不了学生的参与热情。只有教师完善教学方法，使用多种教学方法，并经常向学生提出新要求、新任务，保持神秘感，一直牵动学生那颗好奇的心，才能不断吸引学生的练习兴趣。这样一来，学生就会对所学的内容产生浓厚的兴趣，进而积极主动地参与学习过程。

3. 用体育游戏激发学生兴趣

体育游戏的外在表现形式为游戏，但它实际上属于身体锻炼活动的一种。体育游戏是一种有意识的、创造性的活动。由于体育游戏对设施要求不高，简单易行，而且难度低，趣味性强，因此它适合各类身体素质的学生共同参与。需要注意的是，体育游戏必须符合课程内容和学生的特点。高校体育教学过程中选取的游戏的动作、情节、规则和组织方法都要与大学生的身体素质和教学目标相适应。除此之外，游戏还有利于学生提高基本运动技能、提高身体素质、养成团队合作意识。

游戏的设计应当把教学场所和教学设备等实际情况考虑进去，要从学校的实际硬件设施出发，安排一些切实可操作的游戏活动。所以，体育教师在设计游戏之初，就应该把简便性作为游戏选择的首要原则。[①] 既要选择那些能够提高学生运动技能、发展学生身体素质的游戏，也要选择那些能

---

① 任俭，王植镯，肖鹤.体育教学原理及体育学法的创新研究 [M].北京：中国纺织出版社，2020.

够活跃教学氛围、增强团队精神的游戏。

4. 培养学生的学习能力

终身体育思想的树立，首先，应该同素质教育和现代体育教育结合起来，不可割裂。体育教师应注意增强学生的体育意识、培养学生锻炼身体的习惯、增强学生体育学习的能力。其次，体育教学的方法和各个实施环节都要建立在学生综合素质提高的基础之上，体育教师要变革传统的体育教学方式和体育教学内容，发展学生的创造性思维、培养学生自主学习的能力。最后，以学生为中心，让学生当自己学习的主人，使学生养成学会学习的习惯，培养学生自我摸索、自我发展、自我形成终身体育的态度和行为。

在现代社会，只有不断创新才能吸引人们的眼球。这就要求体育教师不断更新观念、与时俱进、把握时代的脉搏，丰富教学内容，采用创新的教学方法，并将其很好地融合到具体的体育教学实践当中，吸引学生参与体育活动过程，提升学生自我学习的能力。

二、激发学生的体育兴趣，为终身体育奠基

（一）兴趣的重要性

心理学认为，人力求认识某种事物或进行某种活动的心理倾向就是"兴趣"。兴趣体现在教学活动中，具体表现为学生强烈的积极性和兴奋状态，一旦教学内容吸引了学生，学生就会对学习充满兴趣，引发前所未有的求知欲，进而表现出对所学内容想要理解和掌握的强烈需求。培养身心健康的学生才是体育教学的最终目标，因为大学生的身心发展直接关系祖国未来的现代化建设，直接关系着科学技术的发展，直接影响着综合国力的提升。[1] 体育锻炼之所以特殊，就在于它需要人们亲力亲为、不可代替，而且受益最大的永远是人自身。如果体育教师不注重对学生体育活动兴趣和锻炼习惯的培养，那么终身体育也就如同无源之水、无本之木，遥不可及。

---

[1] 高家良，都子平.体育教学理论与实践创新研究 [M].西安：西北工业大学出版社，2020.

学校体育改革应该侧重培养学生的体育能力，让学生体育在课内外有个很好的衔接过程，最终培养学生终身体育锻炼的好习惯。

（二）如何培养学生的体育兴趣

1. 树立体育重要的观点

受传统观念的影响，体育课长期得不到学校与家长的重视，甚至很多学生和教师也觉得体育课程不重要。应使学生明确体育的重要性，体育如同经济、政治、科技一样，都是国家、民族综合实力的体现和主要构成部分。良好的身体是成为祖国有用之才最基本的保障。

2. 确立教师的主导地位

体育教师在体育课程教学中占据着主导地位，也是体育课堂的指导者。此外，体育教师作为人民教师，还应该为人师表，为学生起到表率作用，用自己特有的精神风貌去感染身边的每一个学生，让他们受到熏陶。学生会因为爱上体育老师，而爱上体育课程的学习，这也是体育教师的魅力所在。

3. 让学生体验成功的快乐

"成就感"能增强人的自信和兴趣。在教学过程中，体育教师要细分教学目标，让学生尽可能通过努力便能达成目标，获得成功的体验；要欣赏学生身上的每一处发光点，进而增加他们的自信心和学习体育的兴趣。

4. 通过组织竞赛激发学生的兴趣

每个学生都想获得大家的赞美和认可，都想把自己最好的一面展示在大家面前，这就需要体育教师为学生提供一些可以尽情展示自己的平台。在竞赛中，每个学生都有获胜的机会，每个学生都可以尽情展示自己，每个学生都能在竞赛中获得快乐体验。

5. 鼓励大胆创新，勇于实践

创新是国家兴旺发达的不竭动力，是推动民族进步的灵魂，是素质教育的核心目标。因此，在教学过程中，体育教师要竭尽所能为学生创设民主和谐的良好氛围，鼓励学生敢于创新、善于创新，不断超越过去。

6.教学方法的采用

体育教学需要场地、运动器材等，教师在安排场地、器材时要以激发学生学习兴趣、营造快乐氛围为前提，这样有利于学生更好地学习和掌握运动技能。体育教师可以在教学过程中广泛运用风趣、诙谐的语言，使学生在教学过程中得以放松。

学校体育教育为终身体育意识奠基，它能够潜移默化地影响人的一生。学生在进行体育锻炼的过程中，练就一技之长，并激发自己进行体育锻炼的积极性和主动性，为将来终身体育意识和行为的形成奠定坚实的基础。

第四节　高校体育教学中的"寓乐于体"教学理念

一、"寓乐于体"教育思想提出的背景

（一）课程改革的必然要求

为了响应新课程标准改革的号召，体育教师要不断更新教学理念。在教学实施的过程中，体育教师要以学生的需求为根本出发点，抓住一切教学契机，激发学生主动学习体育课程的热情。教师也应充分挖掘自身潜能，真正做到教学相长。

在组织教学时，教师要充当导演和演员的角色，积极引导学生效仿，形成教师与学生、学生与学生之间的多向交流，使学生能够积极主动地参与体育运动的全过程，帮助学生实现身体的全方位发展。[①] 体育教师应充分尊重学生主动学习、探究学习的主体地位，只有这样，学生才能获得全面的发展。

---

① 翟昕元.PBL教学模式在高校体育理论课程教学中的应用[M].沈阳：辽海出版社，2018.

（二）"乐学"成为主旋律

新课程标准把激发学生运动兴趣，培养学生终身体育的意识作为体育教学的基本理念之一。实践研究表明，从教学目标的可及性、教学活动的主体性、教学评价的激励性和教学管理的艺术性四个方面着手，可以有效地调动学生学习的积极性，提高学生的学习效率，激发学生的潜能。

第一，教学目标的可及性。简而言之，就是针对每个学生的身体素质，结合体育项目的运动特点，设置一些学生通过努力就能够达成的目标。最终的目的是让所有的学生都能达成教学目标，获得自信，并提高体育兴趣。事实表明，如果设置的体育目标能让学生通过努力便可达到，那将极大地激发学生学习体育的积极性，并为他们带来自信的体验，进而调动他们学习体育的热情和主动性。

第二，教学活动的主体性。尊重学生的主体地位是实现教师主导地位的前提，也是实现学生乐学的必要保障。在教学过程中，要充分尊重学生的主体地位，提高学生的学习兴趣，调动学生的参与意识，从而提高教学效率。

第三，教学评价的激励性。教学评价的最终目的是为学生正确认识自己提供一个科学的评判标准，让学生能够深知自身存在的优势和不足，进而不断地提升自己，最终促进教学目标的达成。

第四，教学管理的艺术性。体育课堂的机动灵活和随意性决定了体育教学课堂上的矛盾冲突的必然性，这就需要体育教师艺术化地管理体育教学。良好的教学氛围可以引发学生愉悦的心情和浓厚的兴趣，激发学习热情，促进身心健康和谐发展。

（三）学生本真回归的有效途径

体育运动是一种以肢体的活动玩味着某种精神自由的"游戏"。只有当运动者和观赏者认真、严肃地投入这种"游戏"，与其融为一体时，体育运动才得以展示自身的存在，运动者才进入本真的游戏状态。游戏所带来的愉悦、自由、规则、体验、和谐，让游戏充满了魅力。

第一，愉悦。愉悦是游戏的初衷。游戏能够让人获得生理和心理上的快感，让人在最轻松、最自由的状态下最大限度地释放自我。

第二，自由。游戏与自由是密不可分的，二者缺一不可。艺术的精髓在于自由，而自由也是游戏的灵魂，正是自由，使艺术与游戏连在了一起。

第三，规则。尽管游戏是倡导自由的，但是世间万事万物的自由都在一定范围内，没有随心所欲的自由存在。因为只有遵守规则，才能确保游戏的顺利进行。规则把一种暂时且有限的完美带入不完善的世界和生活，从而让一切变得有序。

第四，体验。有参与者参与的游戏才是真正的游戏，游戏的最终目的就是参与者通过游戏体验获得游戏快感。游戏时，游戏者尽情地遨游在游戏的世界之中。

第五，和谐。游戏活动是人的生理、心理、社会性等要素投入其中的活动。游戏是生命的一种存在状态，是身心达到无拘无束的一种自由状态。没有了外在的功利追求，为游戏而游戏，体验到的只是游戏之趣。游戏心境也是对自身的一种超越。

二、"寓乐于体"教育思想的意义

（一）体育游戏与身体健康

身体的健康包括人体各部位或器官的发育与功能的完善，它包含着身体的形态、功能以及智力等方面的健康，即具有健康、优美的体形。智力是指人对客观世界的感知，对信息的获取、整理和加工，在感知的基础上进行记忆、思维和想象等。肌体健康是构建人的发展的物质条件，而智力健康则是构建人的发展的精神条件。体育游戏与其他体育活动一样，是以身体运动的形式进行的，活动的内容与形式是经过预先设计的，因而它同样具有其他体育活动所具有的健身作用。为了体验有趣的游戏过程，人们参加体育游戏一般是一种自觉自愿的行为。

（二）体育游戏与身体形态和功能的发展

体育游戏的内容丰富多彩、形式多样，可以通过多种手段培养学生正确的身体姿态，发展学生的基本活动能力，提高学生的身体素质，促进身体的全面发展。

1. 体育游戏与身体形态的健康

良好的身体形态不仅是身体发育完善的标志，而且能给人以美感。例如"能看到多高""金鸡独立""膝顶下巴""背后握手"等站姿游戏，以及"小摇车"等卧姿游戏，都可以通过拉伸身体的肌肉、韧带，提高身体的柔韧性和平衡能力。

2. 体育游戏与身体功能的健康

人的基本活动能力包括走、跑、跳、投、攀登、搬运等。学生时期是人的基本活动能力发展的黄金阶段，在这一阶段，表现出的特点是自制力与理解力相对较差，参加活动多凭兴趣。所以，学生在兴趣的指引下，主动积极参加各种有益的游戏，可以在愉悦的氛围中提高身体的机能。

学校中的体育游戏常与田径、体操、球类等项目密切配合，教师可以利用各种运动项目中学生比较熟悉并基本掌握的技术动作来编排游戏。一方面，这能大大扩充体育游戏的容量，使游戏的内容更加丰富多彩；另一方面，能在游戏过程中检验学生各种基本运动技术的掌握情况。[①] 可见，体育游戏为运动技术的逐步完善、运动能力的健康发展提供了一条切实可行、科学有效的途径。

（三）体育游戏与健康心理的形成

1. 体育游戏有助于消除或减缓不良的学习情绪

人的情绪状态是衡量心理健康的重要指标。"趣味性"是体育游戏最基本的特征，即使像"老鹰抓小鸡""打鸭子""两人三足"这样的传统游戏，也常常让人乐此不疲。除此之外，在游戏中获得胜利，还会使人产生自豪感，增强自尊心与自信心，并在精神上获得一种自我价值得以实现的满足感。因此，参加体育游戏可以使人从烦恼和痛苦中解脱出来，并产生成就感和愉快的体验。

2. 体育游戏有利于确立自我概念

自我概念是个体主观上对自己的身体、思想和情感等的整体评价，它

---

①　王海燕.现代体育教学功能实现与创新应用[M].北京：中国书籍出版社，2021.

是由许多自我认识所组成的。一方面，每个个体都注重自己的外形、姿态。对于身体形态不佳的个体而言，对自己身体表象的认识，常会伴随不满意、失望甚至自卑等心理体验，以致影响其自我概念的确立。另一方面，每个人都乐于自己的能力得到表现，让别人了解自己的长处，从而得到别人的赞扬、尊重。摆脱了平时工作学习中的压力与烦恼，在体育游戏紧张而愉快的竞争情境中，人能很自然地表现自己的体力、技能与智慧。

3.体育游戏能培养坚忍的意志品质

意志品质是指人的果断性、忍耐力、自制力，以及勇敢顽强、自主独立等精神。体育游戏环境条件丰富多变、组织形式繁多，特别是一些战胜障碍的游戏，要求参与者在活动中不断克服各种客观困难和主观困难，并在克服困难中培养良好的意志品质。在趣味十足的游戏内容的吸引下，在夺取胜利的愿望的驱使下，以及在同伴的支持与鼓励下，一个人更能克服困难与障碍，更容易塑造坚忍的意志品质。

4.体育游戏有助于人际交往和沟通

在体育游戏中，学生通过互相接触、合作和竞争等，个体与个体之间、个体与集体之间、集体与集体之间交流更广泛、更频繁；学生之间可以做到相互包容、尊重信任、团结友爱、鼓励扶持，由此构建良性的人际关系。

5.体育游戏有助于学生探索精神与创造性的培养

体育游戏为学生的自由探索提供平台，有利于学生探索精神的深层次挖掘，激发创造热情。这也正是体育教学中特别珍贵的因素，有利于为未来社会的发展培养所需要的栋梁之材。现代社会对现代教育提出更新的要求，它鼓励开发学生的创造性和探索精神。学会学习、学会生存的核心内容之一是学会发现、学会创造。大量的实验研究表明，游戏有助于培养学生的创造性和探索精神。

（四）体育游戏对个体社会化的积极作用

1.体育游戏可以规范人的道德行为方式，促进价值观内化，培养竞争合作意识

游戏规则绝不是游戏制定者随心所欲而定的，它一定是建立在公正和

道德判断的基础之上的，它需要符合大多数公认的伦理标准和共性特征。游戏规则的制定有助于学生良好行为规范的形成。

2. 体育游戏可以满足人的合群需求，促进人际交往，完善个性特征

体育游戏主要以群体性活动为主。学生参加体育游戏活动，不仅可以扩大交友范围，增进彼此之间的感情，还有助于拓宽自己的视野，从别的游戏者身上发现另外一个世界。同时，有助于他们比较自然地了解并逐渐形成尊重、理解、谦让、协商、竞争、合作、共处、信任、宽容、忍让、荣誉、责任、和谐、公平、公正、自尊、自重、自信、自强等优秀品质和健康的个性特征。

3. 体育游戏可以促进社会角色的体验，形成自我意识，培养社会化品质

在体育游戏活动过程中，游戏参与者中的每一个人都扮演着一定的角色，这些角色虽然看似很虚幻，其实有的时候也是对现实生活中某些角色的模拟。社会角色是完成社会活动必要的社会形式和个人的行为方式，通过游戏群体活动中不同角色的扮演，学生懂得了社会角色是与人们的某种社会地位、身份相一致的一系列权利、义务、职责的规范与行为模式。同时，他们的社会适应性和个性品质在此过程中也可以得到高度发展。

（五）体育游戏的艺术价值

体育游戏是游戏的一种重要的表现内容。体育游戏像艺术一样，把所欣赏的意象加以客观化，使它成为具体的情境。体育游戏像艺术一样，具有移情作用，能把死板的物质看成活跃的生灵。游戏带给人们的不仅是物质享受，还有实实在在的精神享受。体育游戏像艺术一样，是用现实世界之外的另一个理想世界来慰藉情感。所以，体育游戏在人们闲散时需求最大，从这个意义上讲，它确实是一种"消遣"，是一种艺术化的活动。

第五章

高校体育教学模式

第一节　"双向主体能动式"教学模式

一、"双向主体能动式"教学模式的结构模式

（一）指导思想

在主体教育理论的指导下，通过教师的科学引导启发学生的主动探索，学生能动学习，自主发挥积极性和创造性，以相互交流、自我体验尝试培养体育能力，教师发挥引导、辅助、激发、鼓励的作用。

（二）教学目的

"双向主体能动式"教学模式以培养学生能动思维能力、掌握运动规律的发展为目的，发挥学生的主观能动性并积极体验尝试，增强参与体育运动的自信心，克服心理因素影响，在相互学习中增强集体意识，培养社会交往能力。

（三）教学方式

教学过程中"双向主体能动式"的主要因素是教师、课程和学生，三个因素各有其作用。教师作为教学的主体，学生和课程就是在主体教师进行的教学活动中的客体内容；而学生作为主体在教学过程中，教师和课程就是学生学习活动的统一客体；课程作为教学活动的主体，教师和学生的教学活动中，课程作为其衔接体，起着重要的作用。教学中学生和教师的

主体地位的变化，学生之间的个体、群体相互交流指导，使教学活动处于一个活动的状态。

这种教学模式的主要特点是双向性、参与性、能动性，以教学活动中的学生与教师的双向能动交流，充分调动教学双方的积极性和能动性，良好的教学环境能使课堂氛围变得活跃，从而激发学生潜意识的能量发挥、能动创意，实现教学过程中的双赢。教师作为教学活动中的组织者和设计者，应该选择适合的时候和学生进行沟通和互动，从而形成良好的师生关系。在一定的情况下，学生与教师两个主体之间应该形成一种互相交往的关系：教师不仅要从学生的角度看待问题，并且感受学生的心理活动，在等同的位置和角度与学生一同设计问题，寻找解答，进而分析讨论，产生不同的观点，从而对学生进行引导启发。在这样的教学环境中，学生充分感受到自己的主体地位和被认同感；教师对学生成绩的正确评测以及中肯的评价，鼓励学生积极地学习，加深学生与教师之间的关系，让学生更加愿意展现自己的真实想法，积极主动地参与集体教学活动。在实践教学中，传统教学模式下的体育课全程都由教师作为主体，从准备活动到课堂练习直到结束，教师一直独自示范带领，学生只是被动地接受，两个主体完全没有互动，因此教学效果往往不理想。但是在采用"双向主体能动式"教学模式下的体育课的某些环节，教师可以提出各种设想，让学习的主体不再仅仅是学生，同时教学的主体也不单单是教师，两者互为主体。学生在被引领的过程中增进了沟通、教学和组织创新的多种技能，学生和教师不仅可以学习到基础的体育知识，教师还可以指引学生吸取经验，弥补不足。

这种教学模式能让学生进行角色转换，让每个学生在这样的教学活动中正确规划自己，尽情地展示自我，充分认识教学过程，理解教师的工作，在学习中提升自己各方面的素质，体验自我实现的价值。同时，教师通过学生的表现，深入了解学生的学习成绩和各方面的能力，准确地对教学进行反思，为提高教学效果奠定基础。因此，运用角色互换的教学方式，在教学过程中充分体现出学生与教师"双主体"的作用。

1. 小组合作学习

分组练习是以小组和班级相结合的一种教学方式。在班级授课的基础上，以分组练习运动技能的形式，充分体现整体性与个体性的辩证统一。

在分组合作练习中，教师的主导性地位降低，学生的主体作用提升。分组练习为学生创造了一个自由学习的环境，同时有利于学生与教师沟通，同学合作交流，形成了一种交往模式。学生在集体中感受到了与人合作的成就感，建立起相互的信任，也培养了学生的社会交往能力。在教师的引导下，小组成员相互帮助，更好地完成老师布置的教学任务。

2. 能动式教学

"双向主体能动式"教学模式下，教学中的问题不是以直接的方式提问，而是以引导启发的形式，让学生能动地思考问题，不是马上通过教师获得答案。同时教师可以对学生进行启发式的提问，学生也可以提问老师，通过主体双方共同思考探索问题的本质。"双向主体能动式"的教学模式就是在整个教学过程中教师和学生以启发式的教学方式进行沟通。教师在教学过程中以设疑、提问学生的方式，与学生探讨、交流问题；不以教师的主观性来评定答案，而是以引导的形式进行，强调在启发的过程中使学生认识事物的本质；对于学生的回答适时给予鼓励，以提升学生的理解思维能力和自我判断能力。

3. 多媒体教学

在"双向主体能动式"教学过程中，教师可根据情况适时安排在理论课上播放一些相关的专业体育运动视频资料，同时加以引导性的讲解，使学生感知体育运动的真实性，并能在练习中加以模仿。这种观摩欣赏，在一定程度上对体育教学也是一种调剂，学生的热情和积极性很容易被调动起来，从而更好地完成教学任务。在视频教学课中并非单纯地播放运动视频，同时需要教师的引导和组织。这也要求教师在备课时积极准备。教师查阅收集相关的资料和视频，同时课上还需要教师准确地讲解，让学生在看的同时能理解运动的本质，使自己掌握正确的动作要领。这样能使学生掌握更多的知识量，对发展学生思维以及提高学习动机提供帮助。

二、"双向主体能动式"教学模式对教学效率的比较分析

（一）"双向主体能动式"教学模式对学生动作技能掌握影响的分析

研究结果证明，"双向主体能动式"教学模式与传统教学模式相比，在学生的运动技能提高方面效果较明显。动作技能的学习与掌握，是从低到高的一种感知与生理系统相互协调的发展关系，要达到最终协调与熟练的程度，需要一个反复练习、动作定型的运动过程。在学习动作技能的开始阶段，教师的动作分析、讲解和示范，对于学生来说掌握的只是动作初级的感知过程，表现出来的是动作的不规范、身体的不协调、生理的反应慢、多余的动作增加，对于完成动作情况的认知还是很模糊。而"双向主体能动式"教学模式的体育教学是以双向主体为形式：学生自己本身就是教学的主体，既教又学，每个人的位置在变化，学生既是教学的讲解示范者、评价者或被评价者，又是教学的学习者。学生在学习过程中体会实践，在评价与被评价中发现问题，纠正错误动作；在实践中积累经验，不断地熟练完善，这需要一个评价信息反馈的过程。有时学生在学习动作时往往感受不到问题的存在，分组练习时同伴之间的交流和互动，才使之能感知到问题的存在。

从运动学规律来说，体育运动中的迁移是教学中普遍存在的现象，受各种各样外在和内在的生理和心理的影响。在传统的教学模式中学生感知的是技术动作的表面现象，教师怎么教就怎么学，而并没有理解动作的原理。"双向主体能动式"教学中教师与学生之间、学生与学生之间的交流和互评产生了信息的反馈，学生能够去思考，再加上教师的启发，学生就能够正确地理解动作要领，从而达到一个完善的过程。另外在分组教学中，学生在集体中感受到一种团队的荣誉，能更加积极地参与其中，好的教学效果自然出现了。

（二）"双向主体能动式"教学模式对学生学习动机的影响

研究证明，"双向主体能动式"教学模式比传统教学模式更有利于激发学生的学习动机。

第一，在教育理念上，教学是一个育人的过程，要达到教与学并重的关系，就不是单纯教学的关系，而是与学生在平等的基础上相互交流，以学生为主体建立双向关系。教师是学生的引导者、教学主题的激发者、能源的开发者、创造思维的启动者，这些在"双向主体能动式"教学模式的双向、主体、能动中得到体现。双向指教师与学生的相互交流，位置的变化使学生心理产生了一种反应，被动变为了主动，交流也打开了学生的内心世界，使教师能够很好地掌握学生的学习动机；主体使学生成为教学的引领者、组织者、评价者，学生的动因被启动，因为是参与者，所以就会主动地学和思考问题，兴趣自然就高了。能动是在主动积极参与下，在教师的启发下积极发挥自身的创造思维能力，去理解技术动作的原理；通过感知主动的实践过程，学生在实践经验的积累下不断地完善技术动作，从而获得成功的成就感和心理的满足感。

第二，"双向主体能动式"教学模式在评价方面不是以最终教学考核和教师的主观来评价结果，而是以多个方面评价学生学习的效果，包括学生个体自主完成学习情况的评价、集体学习评价、自我评价、教师评价相结合的形式。因不是单方面的主观评价，对于那些运动能力差的同学来说，通过自身的努力和教师、同学的激励，也可以得到好的评价，并非以运动成绩来考核，其心理的承受能力就会得到加强。这种客观的评价将学生各方面的积极性调动起来，营造了一个轻松活跃的教学环境和氛围，提高了学生的学习热情；在轻松活跃的环境中学生的理解思维加强了，也增加了学生的学习兴趣。

（三）"双向主体能动式"教学模式对学生主观锻炼体验的影响

"双向主体能动式"教学模式对学生锻炼的影响，运动技能成绩提升不是主要的，重要的是积极的学习态度。在双向主体的作用下，学生在与同学和教师的交流、讨论、互助的过程中，克服心理上的弱势障碍，在鼓励和互动的形式下提升了自信心，敢于去体验尝试，从而激发自身的探索精神。正因为有了实践的体验，才会去感知体会动作的要领，这也是在教师的引导下，学生自我探索、自控和互助练习中培养的主观锻炼体验。

第二节　分层教学模式

一、分层教学模式的结构分析

（一）分层教学模式的内涵

所谓分层教学，是指由于受遗传、家庭及社会环境等因素的影响，个体在发展过程中存在不同的生理、心理及个体差异，根据学生的认知能力、学习能力和掌握能力，教师在安排课堂教学内容、教学方法、教学手段上要符合学生实际学习的可能性，有针对性地设计和进行学习指导、检验、评价，从而使每一个学生的能力都能在原有基础上得到提高。

体育分层教学是指在承认学生有差异的前提下，教育者根据学生的个体差异、兴趣爱好、身体素质、运动技能等因素基本相同的情况进行组合，划分不同层次，确定基本相同的学习目标，有针对性地进行体育教学，并制定不同的评价标准的一种教学模式。

正确理解分层教学的内涵，应注意以下几点：①分层教学的着眼点是为了学生的发展；②分层教学的对象是全体学生。素质教育的精髓是面向全体学生，使每一个学生都能全面地、主动地、和谐地发展。分层绝不意味着对某一部分学生，特别是后进生的放弃；③实施分层教学应当考虑四个要素。作为特定的课堂教学来说，它至少包括了学生、教师、教材和教学媒体四个要素。四个要素互相联系、互相作用，形成一个有机联系的整体。实施分层教学，应基于对这四个要素的科学分析。[①]

（二）分层教学模式的理论原则

1.区别对待原则

学生的差异是客观存在的。因此，在体育教学的过程中应充分考虑学生的个体差异，因材施教，区别对待。教师要利用学生的特质促进其优势的发展，做到学有专长，使不同组别层次的学生都能学好。而且学生与组之间的关系不是固定不变的，低层次组的学生通过努力学习达到高层次水平时可调到高层次组学习；而高层次组的学生学习时感到很吃力、压力太大而跟不上进度时可换到低层次组去学习，同时鼓励学生之间相互帮助、共同进步，达到提高教学质量的目的。

2.目标导向原则

应把建立正确的分层观念作为实施分层教学的首要内容，务必使学生认识到分层是为了全体学生全面发展的需要，是因材施教的手段、素质教育的召唤，而不是给学生划分等级的依据。教师只有通过分层教学，才能根据学生个体的差异情况提供不同的教学方法，才能有助于各类学生共同得到发展，从而摆脱传统教育只注重少数尖子生而忽视多数学生的落后观念的束缚，真正使每个学生都获得平等的教育机会。只有使每个学生都认识到分层教学的真正目的，才能获得学生们的积极支持和主动参与，分层教学才能取得成功。

3.联系实际原则

联系实际是落实教育方针和实施素质教育的需要，是体育教学自身发展的需要，是建立学生正确的体育科学价值观的需要。在教学中要引导学生从实际出发，着眼于运用；让学生的间接经验和直接经验相结合，运用到生活实际当中，优化学习；培养学生的体育素质。

---

① 何秋鸿.“分层教学”理论指导下高校体育教育教学改革研究与实践[D].
成都：成都体育学院，2013.

（三）分层教学模式的主要分类

1. 班内分层目标教学模式

班内分层目标教学模式保留行政班，但在教学中，从好、中、差各类学生的实际出发，确定不同层次的目标，进行不同层次的教学和辅导，并制定不同的检验标准进行检验，使各类学生得到充分发展。具体做法为：①了解差异，分类建组；②针对差异，分类目标；③面向全体，因材施教；④阶段考查，分类考核；⑤发展性评价，不断提高。

2. 能力目标分层监测模式

知识与能力的分层教学是根据学生自身的条件，先选择相应的学习层次，然后根据努力的情况和日后学习的情况，再在学期末进行层次调整。

3. 分层走班模式

按照学生的知识和能力水平，分成三或四个层次，组成新的教学班级（称之为 A、B、C 教学班）。"走班"并不打破原有的行政班，只是在学习这些课程时，按各自的程度到不同的班去上课。它的特点是教师根据不同层次的学生重新组织教学内容，确定与其基础相适应又可以达到的教学目标，从而既降低"学困生"的学习难度，又满足"学优生"扩大知识面的需求。

4. 定向培养目标分层模式

这种模式多限于职业教育，指按照学生的毕业去向进行分班分层教学。具体做法是：首先在入学时对学生进行摸底与调查，既了解学生的知识能力水平，又了解学生对就业与升学的选择，在尊重学生和家长意见的同时，也反馈学生自身的学业情况，进行正确定位。再以学生的基础和发展为依据，分成两层（即升学班与就业班）。两个班安排同样的教材、同样的教学进度，只是教学的目标和知识的难度不同，升学班进一步强化文化课与主要专业课，而就业班则以职业技能训练为主。

5. 课堂教学的"分层互动"模式

"分层互动"的教学模式，实际上是一种课堂教学的策略。这里的"分层"是一种隐性的分层。首先，教师通过调查和测试，掌握班级内每个学生的知识水平、特长爱好、学习状况等，将学生按照心理特点分组，形成一个个学习群体。其次，利用小组合作学习和成员之间的互帮、互学形式，充分发挥师生之间、学生之间的激励与互动作用，为每个学生创造整体发展的机会，并利用学生层次的差异性与合作意识，形成有利于每个成员协调发展的集体力量。

分层主要依据学生个体差异、身体素质、运动技能、兴趣爱好和教师意见等。分层管理一般实行弹性机制。分层不是固定的，每学期或每学年进行调整。层次变化的主要依据是学生的学习情况，如进步显著就可以上调，学习吃力则可以下调。

二、分层教学模式在高校体育教学中的实践研究

（一）分层教学目标的制定

在制定分层教学目标时，应该考虑到总体目标。教师根据同一个班学生体质的差异性以及运动能力的高低，因材施教；针对不同层次的学生来规划目标，来设计相应的教学内容、教学方法、教学要求等。

分层教学能否顺利进行与开展，达到体育教学目标，重要的是在课堂中对练习的设计。因此，在体育教学中要结合教材的内容和各层次学生的实际情况出发，设计出不同层次的教学目标、教学方法和教学内容。根据因人而异、因材施教的原则，可将教学目标划分为三个层次：高级层——对大纲教学内容有所提高，进一步拓宽视野，加深对运动技术内涵的理解，努力提高运动技术水平，能深刻理解运动技术，动作标准、正确、连贯、协调，促使学生不断提高身体素质，培养其能力；中级层——掌握教学大纲所要求的基本内容，掌握基本理论知识；初级层——初步掌握所学的运动技术，能理解动作要领。

除此之外，进行分组练习时要注意女生身体素质不如男生，所要求的动作难度与运动量都应根据其身体素质减量，同时体育教师授课之后，不要无所事事，应该主动到练习场地观看学生练习，纠正与帮助学生改正错误的技术动作。这样，各层次之间都有相应的教学内容和方法，各层次的学生都能从中学到知识；充分调动起学生的积极性与主观能动性，从真正

意义上使学生感受到体育带给他们的快乐。

教学方法就是教师组织课堂教学活动的方法。教学目标的实现，是要依靠一定的教学方法的。问题是如何在分层教学中针对学生的身体差异、个性特征及认知的程度不同，运用不同的教学方法，制定出科学合理的教学目标，以此来进行教学。体育分层教学的具体教学方法如下。

第一，体育教师要认真进行教学研究，认真进行"三备"。"三备"即备教材、备内容、备学生。针对不同的学生，确定不同的教学内容，采用灵活多变、行之有效的教学方式。

第二，体育教师在教学中运用教学手段。体育教师在传授运动技能的过程中，由于学生对运动技术的理解存在一定的差异性，因此在传授运动技术前要了解各层次学生掌握运动技术水平的情况，针对不同情况采用不同的教学方法、内容和手段。

第三，体育教师要激发学生的竞争意识及团队合作精神。在体育分层教学过程中，根据各层次的学生生理、心理、思想意识等因素，通过教学比赛手段培养学生的意志品质，激发学生的竞争意识、团结意识和拼搏进取的精神，提高其对教学环境的适应能力和心理控制能力。

第四，对不同层级的学生提供学法指导与帮助。先天身体素质、运动能力基础差的学生，应以模仿为主，主要模仿体育教师与基础好的学生的技术动作；通过模仿、教师指导、课后咨询基础好的学生，从而达到自己的学习目标。而学习基础好的同学，要向教师了解更深层次的知识、了解难度较大的运动技术；课后通过查询相关影像与资料，学习并创新知识，进行纵向与横向的联系分析，形成网络知识结构，从深度与广度上进行拓展。

第五，及时处理教学信息反馈。在体育教学中，教师通过课堂的询问，以及平时对学生的理论知识与运动技术的测验，了解学生近期的学习状况。根据这些情况，教师要及时调整教学内容，有针对性地进行教学，特别要对基础差的学生进行知识的缺陷补漏及矫正技术动作的错误。

（二）分层教学模式的运作程序

分层教学模式的运作程序是指教学活动在时间上展开的逻辑步骤以及每个步骤的主要做法等。任何教学模式都具有一套独特的操作程序和步骤。

例如杜威实用主义教学模式的程序是：情境—问题—假设—解决—验证。由于在教学过程中，既有教材内容的展开顺序、教学方法交替运用的顺序，又有内在复杂的心理活动顺序，因此人们通常从不同侧面提出教学活动的基本阶段和逻辑顺序。

（三）分层教学模式的评价

分层教学评价与正常的教学评价有所不同，为了使所有学生都能达到一定的教学目标，在教学评价时要考虑到各层次学生的学习情况。为了鼓励与加强学生在平时课堂上的学习与练习，就不以期末的理论考核与技术动作评定为最终考核结果，要以平时考核与期末最终考核来评定每个学生的成绩，同时以各层次学生在不同程度上的进步与提高相结合的原则为标准。

为此，采用新的考核标准，力求体现出分层教学的特色，对各层次学生的考核标准给予不同的要求来评定，做到有针对性地、合理地评价不同层次的学生的学习与进步。这样，让各层次的学生都能切身体会到经过自己的努力而取得的成绩，获得成绩的同时也感受到体育所带来的乐趣与喜悦，体会到成功的价值；使学生明白只有通过体育锻炼才能有健康的体魄。加强体育锻炼，可以促进学生身心健康、增强信心、磨炼意志品质、提高人际交往能力，等等。

对分层教学模式的评价，应注意以下三个方面。

第一，评价的基本原则。其中具体包括：①教育评价目的性原则；②教育评价客观性原则；③教育评价的全面性原则；④教育评价的诊断性原则；⑤教育评价的连续性原则；⑥教育评价的法制性原则。

第二，评价的目标因素。其中具体包括：①知识目标因素，包括知识和理解两个方面的内容，知识的评价目标是指在所学内容的范围内，正确地记忆、掌握和再认的能力；②技能目标因素，它是由智力技能和运动技能构成的；③能力目标因素，通常包括注意能力、记忆能力、观察能力、想象能力、特殊能力、思考能力、判断能力、评价能力、鉴赏能力和表现能力；④情绪目标因素，指兴趣、爱好、习惯、态度等内容。

第三，评价的方法。其中具体包括以下两点。①将评价贯穿于日常的教育教学行为，使评价实施日常化、通俗化。评价方式可包括教师对学生的评价、学生对学生的评价、自我评价。②转变评价观念，体现育人为主的教育理念。要建立发展性课程评价体系，淡化评价的选拔功能，强调发展与激励的功能；淡化对结果的评价，关注对过程的评价；改变评价内容过于注重学业成绩的倾向，重视综合素质、全面发展的评价；改变单一的评价方式，体现评价方式的多元化。

对分层教学的评价，首先应注重对学生的全面评价，引导学生健康、全面发展。应从认知和非认知两个方面着手。认知方面包括基础知识的掌握、理解和应用；非认知方面的评价内容可包括学习方法、学习习惯、学习兴趣、学习动机、创造能力、探究能力、学习信心、问题意识、上课时的心情、关心他人程度、课堂参与程度、学习负担等。其次重视过程评价，这是现代教育评价的一个特点。评价学生时，不仅要关注结果，更要注重学生成长与发展的过程，有机地将终结性评价与形成性评价结合起来，给予多次评价机会，促进学生的转变与发展。

第三节　合作教学模式

一、合作教学概述

（一）体育合作教学的含义

合作教学是 20 世纪初创立，20 世纪中叶在美国发展起来的一种教学理念。合作教学的研究者从社会学、哲学、教育学和心理学等各个角度研究学习者学习活动中各种因素的作用，从而提出在教学活动中要进行合作教学的理论。在此基础上归纳总结出合作教学的定义，即以合作教学小组为基本形式，系统利用教学动态因素之间的互动，促进学生的学习，以团体成绩为评价标准，共同达成教学目标的教学活动。

具体来讲，合作教学具备三个方面的基本特征：第一，合作教学要以合作教学小组为基本形式，只有通过小组方式才能形成紧密结合的一种学习方式；第二，要利用小组间的互动——关于教学内容等因素的讨论，在互动交流中发展学生的推理能力、合作意识以及解决问题、人际沟通的各种能力；第三，这种教学模式要以整个小组即团队的成绩为评价的标准，其能够有效促进团队成员间的相互合作，改变个人独立学习的学习态度。

（二）高校体育教学中合作学习的意义

1.合作教学能充分体现学生的主体性

传统教学模式下，职业学校的体育教学主要以教师的"教"为中心，学生只是一味地去"听"，而合作教学的教学模式改变了这种单一方向的教学形式，将其转变为互动式的教学形式，充分体现出学生的学习主体性特征。合作教学能够给予学生学习的自由空间，更能够在合理分组的基础上促进学生间的沟通与交流。在体育合作教学的模式中，学生利用团队的合作精神能够很好地建立相互间的信任，充分表达观点，锻炼思维能力，真正实践以学生为主体的教学思想。

2.合作教学能促进学生身心的全面发展

体育本身就有促进学生身心健康发展的作用，但是要想真正发挥出这种作用，还要求学生能够进行合作学习。合作教学的教学模式通过小组的合作，加强了人际交往，能够促进学生在情感上、认知上以及身体上的全面发展；将学生的个体差异融入一个小的集体中，在共同探索和学习讨论中改变每个人的社会认知。同时，良好的身体素质以及融洽的人际沟通能够使学生减轻体育学习的压力，产生更大的学习兴趣，保持心理健康。

3.合作教学能够培养学生的团队精神，调动学习主动性

由于合作教学的成绩评估是以小组团队的整体成绩为标准，所以很容易形成小组内的合作意识，淡化了个人的竞争性，同时加强了小组间的竞争性，学生通过整体的合作来与其他小组形成竞争，个人都不愿意因为自己而拖整个小组的后腿，这就调动了学生学习的主动性，同时也培养了每个学生的团队精神，体育赛事中往往最需要团队中每位成员的相互合作。

二、合作教学模式在高校体育选修课中的应用

（一）合作教学的基本原则

1. 以问解答

在高校体育教学中，不断提出问题作为提高教学效果的有效手段之一，不仅加强了教师与学生的交流与沟通，而且能让教师时刻掌握学生对教学方法、手段、内容的意见以及学习效率等情况，有利于教师对存在的问题及时进行适当的调整和改进。因此，在体育教学中要以提出问题为中心，千方百计为学生设计问题情景，让学生在解答问题的过程中寻求合作教学所带来的效益。此外，坚持以问解答原则突出了体育知识技能学习的普遍性。有些动作技术比较复杂，在讲解示范层面不易掌握，必须深入研究、反复练习，才能掌握技术动作的细节。提出问题不仅激发了学生深入探究、认真学习的激情，而且可以培养学生的创造性思维，对于继续学习相关的体育技术动作具有"迁移"作用。

2. 以灵带活

高校体育选修课教学的主要目的，就是改善学生的体质，增进健康，培养终身体育的意识，来应对未来的挑战。在这一总体思路下采用合作学习教学模式，要注重教学内容、方法的灵活性；要不拘一格，把所采用的教学策略、教学方法与教学手段放在一个比较轻松的教学环境背景中，开阔学生的思维，使学生敢于交流，勇于沟通。这种沟通不是简单的集体小组讨论，而是建立在提出问题的基础上，深入研究体育技术动作的结构、要领，方式灵活，集思广益，以达到共同进步的学习目标。因此，建立合作教学模式要坚持以灵带活的原则，充分发挥合作教学在高校体育选修课教学中的作用。

3. 体验实践

练习是高校体育课普遍采用的基本学习方法，而且练习在一节课中所占的比重通常比较大。但笔者在教学中常常会发现，学生对动作技术的掌握参差不齐。原因在于练习过程中多数学生只注重个体自我思维的发挥，只强调个体对动作技术的理解，而不善于发挥学习小组的力量，抑制了互

助合作意识。虽然在此过程中有教师的指导或者纠正，但促进作用不大，因学生自身的思维定式已确立。合作教学模式注重实践性，这种实践性不是简单的练习方式的运用，而是在井然有序的教学秩序下强调"小组"的作用。由于思维被扩大，理解空间也就被放大了，可以创设多个学习环节和情景，因此掌握技术动作的效率明显提高。

4. 主动配合

构建合作教学模式要强调师生、生生之间的主动合作，这是学习态度和学习意识的体现。把学习观点和思维方式和盘托出，互相信任，只有这样才能在深层次上理解动作结构。教学方法、学习方法、教学内容、教学组织等方面都可列入讨论的内容，但同样要求师生、生生主动配合。有时候也存在各种问题，如班级内部的各种矛盾、师生之间的矛盾等。为了不影响合作教学模式的构建，这些问题必须妥善加以解决，以强化主动合作意识，营造一个健康和谐的学习氛围，提高教学效果。

（二）合作教学模式在选修课中的基本功效

1. 关注个体差异，开阔思维

针对学生的性格特点，在体育教学中不断关注个体差异，使体育教学面向全体学生；在进行分小组合作学习时要注意各种不平衡现象，使各种差距不断缩小。在研究讨论时尽可能发展学生的创造性思维，培养其积极主动参与的意识和分析问题、解决问题的能力，培养成功性思维。

2. 进行案例分析，培养兴趣

为了尽可能培养班级课堂学习骨干，很多体育教师会在小组中安排一名各方面素质都很强的学生担当小组长，在其领导下进行各种案例分析，特别是那些比较复杂、难以理解或者易犯错误的动作技术。对每个学生的典型示范进行案例分析，提高学生对技术动作的掌握程度，培养学生的体育兴趣和参与运动的持久性。

3. 人性化管理，获取自信

合作教学模式体现了"人性化"的管理理念。在学习过程中，整个小组既要面向全体，又要关注个体差异，使每个学生都有参与的机会。机会均等有利于培养全体学生的自信心，这有别于传统的体育教学，在传统体育教学中，这样的"关注度"比较少。小组教学中对个体讨论意见的尊重以及练习时的彼此借鉴，有利于学习效率的提高。

（三）体育合作教学模式应注意的问题

1. 体育教学方法的运用

在任何情况下，采用不同形式的教学方法的主要目的，都是使教学进度和教学效果达到最优化，让不同层次的学生在最短的时间内获得最大的学习成果。无论是传统的教学模式，还是新型的教学模式，在很大程度上运用教学方法的主要目的都是一致的。在合作教学过程中，体育教师往往会运用一些比较先进合理的教学方法，如探究式、讨论式、自主式、启发式、案例式的教学方法。这些教学方法深受广大学生的欢迎，取得了相当好的教学效果，学生对运动技能理解、掌握的效率也会随之提高。①

（1）满足学生心理需要

实践证明，传统的教学方法在教学效果上不容乐观，学习效率比较低，班级中学生掌握动作技术的速率不尽相同，没有全面开发学生的创造性思维能力。

（2）革新的需要

高校体育教学改革是高等教育教学改革的重要组成部分，教学方法的改革是其中非常重要的一部分。改变原有的消极因素，建立新型的积极因素是基本途径。目前，很多高校试图建立一套科学合理且行之有效的教学方法，在采用合作学习教学模式的过程中，新型教学方法的运用也体现了该教学模式的时代性和先进性，符合高校体育教学改革的基本需要。

（3）提高教学效率的需要

在合作教学过程中，运用新型教学方法不仅提高了学习伙伴之间的学习热情，而且加强了生生、师生之间的沟通能力，培养了他们对特殊问题

---

① 张天聪. 自主—合作教学模式在高校体育教学中的运用 [J]. 当代体育科技，2020，10（11）：180-181.

采取特殊解决方法的能力，开拓了独立解决问题的基本渠道，为日后课内外体育活动的开展奠定了基础。此外，根据教学目标建立的各小组，可以利用新型的教学方法建立一种信任机制，在脱离教师指导的情况下进行自主练习，取长补短，相互信任，根据自身对问题的理解程度构建符合自己实际情况的学习策略，有效地提高了学习效率。

2. 考核成绩的评定

构建合作教学模式最重要的就是如何进行评价，它与传统的体育教学评价方式存在很大的不同。传统的体育教学评价多是跟踪式的教学评价，以课堂教学效果为目标，根据学生对动作技术的掌握程度来进行评定，突出学生个体之间的竞争；而合作教学评价则把个人之间的竞争转化为小组之间的竞争，把计分方式改为小组计分，把小组总体成绩作为奖励或认可的依据，形成了"内部成员合作，外部成员竞争"的新格局，使得整个评价由鼓励个人竞争达标转向鼓励大家合作达标。这种评价以小组成绩为依据，学生能否得到好成绩不仅取决于个体成员的成绩，而且取决于其所在小组成员的总体成绩。合作教学的教学评价使小组成员认识到：小组是一个学习的共同体，个人目标的实现依赖于集体目标的实现，小组成员的共同参与才是合作学习所需要实现的目标。这种评价可以激发小组成员互相帮助，鼓励合作竞争，以实现"不求人人成功，但求人人进步"的教学评价目标。这不仅有利于培养学生自主学习的习惯，而且还可以形成舒适健康的、高成就动机的教学环境。

3. 体育教学资源的有效开发利用

合作教学模式的最大优势就是能够实现体育教学资源的有效利用。随着城市化进程的推进，城市用地已经受到限制，而高校生源则不断扩大，出现了前所未有的场地资源大面积缩水、学生人均活动空间不断缩小、体育场地资源无法满足需要的状况。合作教学模式可以充分利用现有场地资源进行体育教学，由人人拥有器械场地变为组组拥有器械场地，不仅显著提高了分配使用率，而且也使学生学会了如何利用有限的资源进行体育锻炼，突出了小组合作的优势。同时，在教学过程中，各小组可以根据分组情况以及项目内容对体育场地、器械进行合理分配或再分配，使体育教学资源得到合理、有效利用。

三、高校体育合作教学模式的构建

（一）体育合作教学模式的基本要求

1. 合作教学分组

体育合作学习的教学分组主要以组间同质及组内异质进行。组间同质是指各组间的学生水平基本一致、保持均衡；组内异质是指各组内成员各方面之间都有一定的差异，主要包括学生性别差异、学生学习成绩差异、学生特长差异、学生体育技能水平差异等方面。同时，体育合作教学的分组还必须考虑学生的兴趣以及意愿。

2. 教学中的教师任务

在充分了解学生水平的基础上，教师在课前根据具体教学内容设计相应的教学方法及教学任务，在体育教学过程中进行指导性讲解并对学生进行合作教学指导。

3. 教学中的学生任务

在体育教学过程中，学生应根据教师布置的教学任务及要求，以合作教学小组为基本单位，充分发挥主观能动性，采用多种途径，通过集体合作来完成。

4. 体育课的开始部分

为提高学生的讲解、组织、示范等方面的能力，应以体育合作教学小组为单位，让学生轮流带领其他同学做准备活动。

5. 集体讲授课

教师根据不同的教学内容合理安排集体讲授和分组合作教学的时间比例，讲解过程要突出重点、简单明了、注重效率。

6. 合作教学小组的课堂活动

教师在学生进行合作教学之前要向学生讲明三个方面的问题：①只有

合作学习小组的学生都完成了教学任务，整个小组的教学任务才算完成；②合作教学小组的同学要互相监督，检查同伴完成教学任务的情况，确保都能够完成教学任务；③教师在学生进行合作教学时，要进行巡视、观察、记录并适当进行指导等工作。

7. 测试与反馈

学生在完成教学任务后，要进行独立性测试或者进行合作教学小组间的竞赛。教师根据测试或者竞赛的结果进行评价、总结，使学生认识到自己的不足，以便日后改正提高。

8. 课后任务

教师根据教学目标、教学要求合理布置复习、预习任务及作业。

（二）合作教学模式在体育教学中的应用

1. 学生自学

体育合作教学的前提是学生个体学习、练习所学动作技能。体育教师要根据不同的教学内容、教学任务、学生水平等制定相应的教学目标。要突出教学的重点难点，要求学生根据教师设计的技能学习流程以及个人所创造的新颖动作进行自学、自练，并根据个人特点选择场地器材。

2. 小组讨论

学生完成自学后，教师要组织好学生的小组内讨论，让学生体验成功的喜悦。讨论的时间要根据教学内容、教学难度进行确定，时间不要太长，5~7分钟为宜。在小组合作学习完成后，还可以进行组间交流；教师可以根据学生的交流结果进行总结、补充并适当进行讲评。

3. 学生自主练习

在学生自学，小组讨论、交流以及教师讲评后，学生再进一步练习提高技术技能，以期取得最佳的学习效果。

4. 学生技能展示

学生在完成动作技能的学习、练习后，每一个小组可以选一个代表，在全体成员面前展示学习成果。

（三）高校体育合作教学模式的构建路径

1. 转变传统体育教学思想，培养学生合作学习意识

新时期高校体育的发展现实要求各高校必须转变传统的体育教学思想，更加重视对学生全面素质的培养，充分认识到提升学生合作学习意识的重要性。教学思想是指导教学实施的一个前提和基础，合作教学的思想是根据小组学习中的团体压力和相互间的沟通交流来提升学生的学习主动性、体现学生学习的主体性。通过小组的合作学习改变传统以教师为主的教学模式，能真正让学生成为教学的中心，形成师生间、学生间的动态互动模式，从而能够相互借鉴、共同学习。

2. 创新设计学生合作学习的过程，进行合理分组

高校体育教学模式在实施中，要创新性地设计学生合作学习的过程，即学生按照怎样的方式进行具体的合作学习。首先，要根据教材的内容来制订方案，目的是达到教材中某一时期的教学目标。只有拥有正确的目标才能进行设计。其次，根据每位学生的不同兴趣爱好以及身体状况、体育特长等进行分组，并制定小组的目标。这个目标要符合小组的实际并能使每位同学都起到重要的作用。

3. 完善体育教学的评价标准，激励合作学习的主动性

高校体育合作教学模式的实施是否有成效，是否符合教学目的，这都需要拥有一个具体的评价标准。合理的教学评价标准有助于激发学生的学习主动性，也能够为教师提供一个明确的教学方向。合作教学的评价主要包括教师的评价、小组自身的自我评价以及其他小组的评价等。当然最重要的是要将小组视为一个整体进行评价，这样才能构成一个完整的评价体系。此外，教学评价要科学、全面，不能全部否定，也不能完全认同。要本着对每位学生有激励作用的原则进行平等的评价，在强调个人对小组重要作用的基础上，肯定每一位成员的进步，并能根据学生的不同基础水平进行不同程度的评价。

第六章

高校体育教学方法与设计的创新

第一节 体育教学方法的科学探究

一、体育教学常见方法分析

（一）语言教学法

语言教学法即在教学活动中，教师通过对学生进行语言指导，从而达到相应的教学效果的方法。作为一名教师，能够正确、简明、形象地使用语言，对于自身教学工作的完成和促进学生的学习具有重要的意义。正确地使用语言，不但能够使学生更好地理解相应的学习目标和任务，还能够促进其对相应的知识和技能的快速掌握。

因此，在体育教学过程中，教师应注重语言教学法的运用，注重语言教学的技巧。体育教学中语言教学法的形式有讲解法、口头汇报法、口头评价法和口令、指示法。

1. 讲解法

讲解法即教师将相应的动作要领、方法和规则要求等方面的知识向学生进行说明，其目的在于更好地指导学生进行相应的运动技能的学习并全面掌握它。讲解法是较为常用的教学方法，教师在运用时，应注重以下五方面的问题。

第一，教师要明确讲解的目的，根据教学的目标、教学内容和学生特点进行讲解。教师在讲解过程中，应对自身的语速、语气进行调节，并抓住教学内容的重点和难点；只有具有一定的目的性和针对性，才能够使学生明白哪些是重点和应该着重理解的方面。

第二，教师在进行讲解时，应注重其内容的正确性，不管是具体的技术技能还是相关的基本知识，都应做到准确无误。另外，还应注重讲解的方式同学生的学习情况及学习能力相适应，从而使学生能够很好地接受相应的知识。

第三，为了更好地使学生理解相应的技术动作，教师讲解时要做到生动形象、简明扼要。具体而言，在讲解过程中，应注重将新的技术动作和知识内容与学生已经了解和熟悉的内容联系起来，使学生更好地理解相应的动作技术。另外，由于教学时间有限，学生的注意力集中程度也会随着学习时间的延长而有所下降，因此，应抓住重点，简明扼要地进行讲解。

第四，教师在内容讲解过程中，不能将一些知识体系和动作技术孤立起来，而要注重启发学生的发散性思维和创造性思维，使学生能够触类旁通、举一反三，更好地理解相关的知识，达到学以致用的目的。

第五，教师在进行讲解时，还应注重讲解的时机和效果。在讲解相应的内容时，应选择合适的站立位置，确保每个学生都能够听到所讲的内容。另外，给学生进行讲解时，应充分调动学生的好奇心和积极性，如此才能取得更好的效果。

2.口头汇报法

口头汇报法是教师了解教学效果的重要方法之一。这种方法要求学生根据教学需要，向教师表述学习心得和有关教学内容、方式和疑难问题等相关方面的问题。通过学生的口头汇报，能够使教师明确自身在教学过程中的不足，为教师提高和发展自身的教学水平提供相应的依据。对于学生而言，通过这种方式不仅能够培养其语言表达能力，还能够促进其积极思考，加深其对于教学内容的理解。因此，在教学过程中安排相应的口头汇报不仅有助于学生素质的提高，对于教学质量的提升也有重要的促进作用。

3.口头评价法

口头评价法也是一种重要的语言方法，对于学生的动作完成情况以及课堂表现给予相应的口头评价，能够更好地促进学生的学习。口头评价可分为两种，一种为积极的评价，另一种则是消极的评价。积极的评价即对学生的正面鼓励，这能够在一定程度上激发学生的积极性，促进教学活动更好地开展；消极评价则是否定性的评价，这种评价往往会带有指责的意味，因此应避免使用这种评价，而应学会用客观的态度指出学生的不足，帮其分析提高的方法和努力的方向。

4.口令、指示法

在体育教学过程中，教师需要借助多种口令和指示完成教学工作，如"立正""跑""转体"等。这些语言简短有力，能够很好地指导学生进行相应的技术动作的学练。但是，需要注意的是，运用这些口令和指示时，应注意把握时机和节奏，否则会造成学生动作的不协调。另外，还应注重发音的洪亮有力，不仅要让学生能够清楚地听到，还应给学生以势在必行之感。

（二）直观教学法

直观教学法是体育教学中较为常用的一种教学方法。通过直观的方式作用于人体的感觉器官，引起相应的感知，从而实现体育教学目的。一般常用的直观教学法有动作示范法、条件诱导法、多媒体技术教学法、直观教具与模型演示法等形式。在实践过程中，人们认识事物时都是先从感觉器官的感知开始的，因此直观教学法能够使得学生更易于理解相应的教学内容。

1.动作示范法

动作示范法指的是教师采取一些示范动作使学生对技术动作的形象、结构和要领进行掌握的基本方法。一般在进行动作示范时，教师可亲自进行示范，也可指定学生进行动作示范。教师在采用动作示范法时，应注重以下四方面的问题。

第一，教师在进行动作示范时，应具有一定的目的性。如果是为了使学生了解动作的基本形象，示范动作可稍快；如果动作示范是为了使学生了解相应的动作结构，并引导学生进行学习，则动作应稍慢，可略夸张；如果是示范相应的重点和难点动作，则可多示范几次。

第二，教师在示范动作时一定要注重其正确性，避免对学生形成误导。在进行相应的讲解时，不仅要注重内容的正确性，还要体现出教学内容的特点，并与学生的学习能力相适应，提高学生的学习兴趣。

第三，教师在进行动作示范时，应使全体学生都能够看到。因此，可使学生呈圆圈形站立，或是错位站立。

第四，教师在进行动作示范时，一般会配合相应的讲解方法，使学生能够更好地理解，因此教师可采用先示范后讲解、边示范边讲解和先讲解后示范等方式。

2. 条件诱导法

条件诱导法也是较为常用的一种教学方法，以某种条件为诱因，并与相应的动作建立联系，从而达到相应的教学目的。例如通过相应的音乐伴奏和喊节拍的方式，形成一定的动作节奏感；通过简单的语言提示使学生的动作能够流畅进行。另外，也可设置相应的视觉标志，指示学生按照相应的动作方向和运动轨迹、幅度等方面进行操作。

3. 多媒体技术教学法

多媒体技术主要包括电影、幻灯片、录像等。在运用电影和电视、录像时，应注意播放内容要与体育教学目标相适应，并有机结合电影和电视、录像与讲解示范练习。多媒体技术教学法虽然在教学过程中得到了普遍的运用，但是在体育教学过程中，其应用并不广泛。这与体育教学在户外授课、器材运用不方便有很大的关系。

4. 直观教具与模型演示法

在体育教学过程中，对于一些高难度的动作可采用图表、照片和模型等直观方法进行辅助教学。教师通过运用这些教学工具能够使学生更加易于理解相应的技术结构和动作形象。另外，对于一些战术的配合，也常采用模型演示的方式进行讲解。

（三）完整教学法与分解教学法

1. 完整教学法

完整教学法指的是从动作开始到结束，教师完整地进行教学和指导学生进行练习的方法。一般当技术动作的难度不是很高，或技术动作不可进行分解时，会采用完整教学法进行教学。另外，在首次进行动作示范时，也会采用完整教学法来进行动作技术形象的示范。完整教学法的优点在于动作协调优美、结构简单、方向路线变化较小，各动作之间具有密切的联系。缺点在于对一些复杂的动作而言，采用这种教学法会为教学带来一定的困难。因此，为了便于学生进行学习，促进教学活动更好地开展，应注重以下四方面的问题。

第一，在讲授一些简单和易于掌握的技术动作时，教师可以先进行完整的动作示范，示范之后，学生直接完成完整的动作练习。

第二，有些技术动作无法分解，教师这时需要采用完整教学法。需要注意的是，在采用这种方法时，要对其中的各项要素进行必要的分析，如动作的力度、动作转变的时机等。但是，不能拘泥于动作的细节，要从整体上进行把握，确保动作的完整性和流畅性。

第三，对于一些高难度动作，可先降低难度或是徒手完成相应的动作，在此基础上逐渐增加难度。需要注意的是，降低难度时，不能使技术动作出现错误，这是基本要求。在教学过程中，对于一些器材的重量以及高度、距离等标准可适当降低。

第四，教师采用完整法进行教学时，可适当改变外部的环境条件，在外力条件的帮助下完成相应的完整动作。

2. 分解教学法

分解教学法即将完整的动作分为几个部分，逐步使学生掌握完整的动作技术。这种方法适用于难度相对较高，并且动作可分解的运动项目。采用这种教学方法时，能够将复杂的动作分解为简单的动作，从而使技术难度降低，更加有利于学生学习和掌握。但是，这种方法也有其相应的缺点，即只注重对于局部动作的分解把握，可能在一定程度上导致学生对于整体动作理解不全面。因此，分解教学法和完整教学法通常结合使用。

教师在运用分解法进行教学时，应注意以下三方面的问题。

第一，应仔细分析动作技术的特点，采用合理的方式对其进行分解，注重时间、空间等方面的有序性和统一性。

第二，将完整的技术动作分为多个环节时，应注重各个环节之间的联系，注重动作结构之间的联系性。

第三，在熟练掌握各环节的动作之后，要注重各个环节之间的动作衔接，要保证其过渡的流畅性，形成有机的整体。

（四）预防与纠错教学法

为了防止和纠正学生在练习过程中可能出现或者已经出现的错误动作，教师在教学过程中经常采用预防与纠错教学法。

在教学过程中，学生对于各种动作技术的掌握不标准和出错的状况是不可避免的，教师应正确对待，并注意进行有意识地引导和纠正。

预防和纠错是相互联系的。预防具有一定的超前性，要求对于可能的错误动作进行积极的引导，并要对其出错的原因进行分析；纠错具有鲜明的针对性，针对学生的错误动作采取相应的纠正措施，并分析出错的原因。预防与纠错的具体方法有以下四种。

1. 语言表述法

语言表述法是指为了使学生建立起正确的动作概念，应注重动作细节与要点描述的准确性，使学生能够明确理解各技术动作的标准和结构顺序。

2. 诱导练习法

诱导练习法是指为了使学生的动作准确无误，采用诱导性的教学方法，使学生达到相应的教学要求。例如学生在做肩肘倒立时，不能将腰腹部挺直，针对这种情况，可采用在垫子上方悬一吊球，让学生用脚尖触球的方法，这样学生就可以挺直腰腹部了。

3. 限制练习法

限制练习法是指在进行相应的动作练习时，设置一定的限制条件，有助于错误动作的纠正。例如在进行篮球投篮练习时，为了使学生的投篮动作更加协调、标准，可进行罚球线左右的投篮练习，使学生掌握正确的投篮方式。

4. 自我暗示法

自我暗示法是一种重要的方法，指学生在进行相应的动作练习时，为了保证动作的准确性，在练习中有意识地暗示自己达到要求的方法。例如在进行篮球的投篮练习时，学生可暗示自己投篮时手指、手腕的动作要标准，使自身的投篮动作准确无误；在奔跑练习中要暗示自己注意后腿充分蹬地。

（五）游戏与竞赛教学法

1. 游戏教学法

游戏教学法也是体育教学过程中较为常用的一种方法，它是指教师组织学生通过做游戏的方式来完成相应的教学任务的方法。通过开展相应的游戏，使得学生之间开展竞争和合作，提升学生的思考和判断能力，促进教学质量的提升。游戏教学法具有一定的趣味性，能够提高学生参与的积极性，培养学生的学习兴趣，因此在体育教学中被广泛运用。

在运用游戏教学法时，应注重以下三方面的问题。

第一，应根据教学目标和教学内容采取合适的游戏规则和游戏要求，确保游戏内容与教学内容相契合。

第二，采用游戏教学法时，学生需要遵守相应的规则，同时应鼓励学生充分发挥其主动性和创造性，通过开展相应的游戏引发和启迪学生进行思考。

第三，教师应做好相应的评判，要做到公正、客观，避免挫伤学生参与体育学习的积极性。

2. 竞赛教学法

竞赛教学法即在教学过程中，为了检验教师的教学效果和提高学生的技术水平，组织学生进行比赛的方法。竞赛教学法将学生所学的技术动作应用于实践，能够使学生更好地掌握相应的技术动作。这种方法具有一定的竞争性和对抗性，因此学生需要承受较大的运动负荷。通过开展竞赛，能够培养学生的应变能力，对于其心理素质和意志品质等方面的发展也能起到一定的促进作用。

教师采用竞赛教学法时，应注重以下两个方面的问题。

第一，开展相应的竞赛时，应合理组织，无论是个人赛还是小组之间的比赛，其实力应相对较为均衡。

第二，开展相应的竞赛时，学生应熟练地掌握相应的技术动作，并能很好地运用于比赛中。

二、体育教学方法的选择

（一）选用教学方法的艺术

在体育教学实践过程中，有多种制约教学活动的因素，在不同的教学目标、教学内容、教学对象以及教学条件下，教师的教学方法也发挥着不同的效用，这在一定程度上决定了教学方法的多样性。因此，在教学过程中，教师应注重教学方法的科学性、艺术性和综合性的结合，形成良好的教学方法模式，并且要灵活进行变通。实践表明，教学方法都有其优点和缺点，适用于所有教学条件下的教学方法并不存在。因此，教师在选择教学方法时，应注重科学性和综合性的结合。

教师在选择教学方法时，并不是随意选择的，而是必须具有一定的科学依据。在教学过程中，应以教学规律为根据来选用合适的教学方法。教学方法与教学目标、教学内容、教学对象等方面均具有一定的联系，因此教师在选择教学方法时，应分析和掌握这些因素之间的本质联系，从而确定科学的教学方法。

教师在选择教学方法时，还应注重选择的艺术性；还要保证在具体的教学实践过程中，采用的教学方法具有灵活性、艺术性和创造性。在实践过程中，应根据具体的条件和教学需要，选择相应的教学方法，必要时，还要对相应的教学方法进行加工和创新。

在教学实践过程中，教学方法的选择具有综合性的特点。不同的教师会采用不同的教学方法体系，并取得一定的教学效果。在选择教学方法时，也不能要求所有的教师千篇一律。不同的教师会有不同的特色教法，只要其教学方法能够取得良好的教学效果，就值得使用和发展。

需要注意的是，体育教学的内容处在发展和变化之中，教学对象也呈现变化性的特点，这就要求体育教学的方法不断进行发展和创新。因此，在选择相应的教学方法时，应用发展的眼光看问题，动态地去选择。

（二）选择体育教学方法的注意事项

1. 注意师生之间的协调配合

在体育教学过程中，教师和学生的默契配合是取得良好教学效果的重要保证。教学活动不存在没有"教"的"学"，也不存在没有"学"的"教"。因此，不管是何种教学方法，都应考虑到"如何教"和"如何学"这两方面的问题。

在传统体育教学过程中，片面强调以教师为中心，教学方法也只是注重教师"如何教"的问题，而对于学生在教学过程中的作用则选择性地忽略了。例如教师在动作示范时，只考虑动作的优美和协调性，而没有考虑学生的感受，使学生的学习效果不佳，从而影响教学活动的开展。

因此，体育教学方法的应用应考虑师生双方的良好配合，避免两者脱节，这样才能取得良好的教学效果。

2. 注意学生内部与外部活动的配合

学生的学习过程是内部活动和外部活动的综合体现，因此在选择相应的教学方法时，应注重两者之间的配合。所谓内部活动，即学生的心理活动以及相应的生理生化反应等方面；外部活动则是动作质量、情绪、注意力等方面。

教师应善于分析学生的内外活动变化，结合指导学生外部活动的方法与激发学生内部活动的教学方法，以促进学生积极主动地参与体育学习。

在选择体育教学的方法时，还应对多种教学方法进行对比分析，从而确定最佳的教学方法。在教学过程中，应明确不同的教学方法适应什么样的教学内容，能够解决什么样的教学问题，能够对什么样的教学对象起到更好的作用等。

3. 注意不同学习阶段的前后配合

学生在学习过程中，在不同的学习阶段会表现出不同的特点。体育教学方法的应用应考虑到学生知识学习的不同阶段的相互配合。例如在动作学习过程中，应注重从"模仿型"向"创造型"的过渡，并实现二者的有机结合。

学生的学习过程是由不了解到熟悉的过程。在学习的初始阶段，往往以模仿学习为主，之后，学生就会形成动作定式而完全摆脱模仿，从"模仿型"过渡到"创造型"。这两个阶段之间既有一定的联系，又相互区别。因此，在运用教学方法时既要防止二者之间的互相代替，又要防止二者之间的割裂。

第二节　体育教学方法的创新发展

一、体育教学内容的创新发展

（一）对学校体育教学内容的反思

1. 学校体育教学内容的逻辑关系不强

由于体育教学内容相比于其他教学内容没有足够强的逻辑性，所以在教学内容的安排上应当避开逻辑性，在更深的层面上进行研究。

2. 竞技项目如何教学

在我国的体育教学发展过程当中，竞技体育项目始终是体育教学的主要内容，但与高校针对普通大学生的体育教学有着本质上的不同，如果以专业训练的标准要求学生，那么必然会出现难度过高、内容枯燥、教学效果欠佳的问题。所以要想在体育教学内容中加入竞技体育的内容，对其进行改造是必不可少的，这样才能适应高校针对普通大学生的体育教学的需要。

3. 学校体育教学内容与健康教育的关系

体育教学内容从根本上来说，应当与健康教育相辅相成。终身体育思想理念的提出使人们认识到，体育与卫生保健是相辅相成的，科学锻炼才能保障健康，所以体育教师必须注重理论与实践相结合。

4. 学校体育教学内容的多样化与突出重点

目前的体育教学内容太多，导致学生学不会的问题经常出现，所以很多学者提出了学生只要具备一项运动技能就足够了的观点。同样有很多的反对声，认为如此将会把体育教学内容置于一个过于狭小的范围内，并且一个项目很难满足人的一生中各个阶段中对体育运动的兴趣。所以，项目太多或项目太少对于终身体育观念来说都过于片面，因此需要兼顾体育教学内容的多样化与突出重点。

（二）学校体育教学内容的发展趋势

随着时代的发展，体育教学内容也会呈现出不同的时代特点。在我国体育教学改革的逐步推进下，体育教学内容也呈现出一定的发展趋势，具体内容如下。

1. 体育教学内容更加注重学生的全面发展

在传统体育教学中，体育教学内容只注重学生身体素质的发展，带有一定的片面性。在体育教学内容的未来发展过程中，其由最初的只重视身体素质发展逐渐转变为重视学生身体素质、心理素质和社会适应能力的全面发展。在教育思想、方针政策、体育目标、体育功能的影响和制约下，选择体育教学内容的范围受到了很大的限制，这使得体育课一度成为以提高学生身体素质为主要目的的达标课。在素质教育于我国开始实行和推广之下，体育教学内容的选择需要与素质教育的具体要求相符合，以使学生的心理素质、身体素质以及社会适应能力都得到全面的发展，从而将学生培养成为全面发展的社会需要的人才。

2. 体育教学内容更加注重学生终身体育意识的形成

终身体育的教学思想是现代体育教学的重要指导思想，在这种教学思想的影响下，体育教学内容将更加注重学生终身体育的教育目标。

终身体育已成为当今世界体育发展的一大趋势，要想实现终身体育这一目标，就需要使学生学习和掌握参与终身体育所需的知识、态度和技能。因此，在未来的体育教学发展中，运动文化的娱乐性与健身性之间的关系将被协调整合起来，一些具有健身价值、终身运动性质的体育运动项目将成为体育教学的内容。

3. 由规定性向选择性以及不同学段逐级分化

以往的体育教学大纲在对体育教学内容进行确定时，总是试图在具有极强综合性的体育学科中来寻找运动项目之间的逻辑关系，并将所选择出的体育教学内容按照一定的逻辑关系使之体系化，但体育教学内容因缺乏相应的逻辑性而给教材的编号带来了一定的困难。如今的体育教学大纲在对体育教学内容进行选择时，非常重视遵循体育学科自身的内在规律，同时将具有娱乐性、健身性、时代性的体育素材，以及学生喜闻乐见的体育素材纳入体育课程之中，并且不同学段的教学内容和要求也有一定的区别，"选择制教学"将获得进一步的发展。

4. 从教师价值主体逐步转向学生价值主体

社会及学校教育的发展水平、教师与学生的价值观念都会对体育教学内容的选择与确定产生一定的制约。在传统的体育教学大纲中，选择与确定的体育教学内容主要是将体育教师对体育教学内容的价值取向体现出来，围绕教师的"教"来进行体育教学内容的选择。随着现代体育教学改革的不断深入，体育教学内容的选择与确定主要是从学生的实际需要出发，更多的是将学生的价值取向体现出来，即教学内容的选择应服务于学生的"学"。

5. 体育教学内容对新体育项目的吸收

体育教学内容也开始逐步吸收一些民族传统体育项目和一些新型的娱乐体育项目。随着现代社会的快速发展以及大众体育的蓬勃发展，不断涌现出一些新兴的体育运动项目和娱乐性体育运动项目。学生更加喜欢追逐潮流、追求时尚，所以也喜欢那些新兴的、娱乐性强的体育运动项目。因此，体育教学内容应在以往传统体育教材的基础上进行革新，注重对一些新兴时尚的特色运动项目的吸收，并将其作为体育的教学内容。此外，体育教学内容的开发可以重点考虑我国各民族传统体育项目，这些具有民族特色和健身价值的体育项目是体育教学内容的良好素材。

（三）学校体育课程内容的新体系

学校体育课程内容要做到与社会相结合，同时与学生的日常生活相结合，这在现代体育的发展中是又一个不可逆转的趋势。所以学校体育教学内容应当扩宽，形成自己的新体系。在这个新体系当中，体育教学内容应当包括身体教育、保健教育、娱乐教育、竞技教育和生活教育五个方面。

1. 身体教育

身体教育是指以健身为目的的体育教育，目标是要提高人的各项基本活动能力。身体成分、肌肉力量、有氧耐力及柔韧性是与健康相关的重要的身体素质。

2. 保健教育

保健教育指在学习相关体育知识的过程中确保学生的安全和健康，其中生理和保健知识也是必不可少的。在体育教学内容中必须重视运动处方的理论和实践，从而将保健教育和体育教学结合起来。

3. 娱乐教育

体育教学内容中的娱乐教育可以非常灵活地出现在社会的每个角落。每个人、每个民族的娱乐体育活动都是丰富多彩的，因此促使它成为体育教学内容是一种有益的选择。

4. 竞技教育

竞技体育以专项运动项目为主，由于竞技体育事业的飞速发展，学生对竞技体育是相当喜爱的。但在教学过程中，绝对不能照搬对运动员的要求进行体育教学，在各个方面应该针对学生的具体情况来进行适当的处理，从而适应学生的需求。

5. 生活教育

生活教育在这里指防卫训练、拓展练习、冒险教育及健康生活教育。

如今城市化影响着每一个人，包括学生。但这种生活有时候会显得内容单调，因此很多学生希望亲近大自然。而这种追求，在体育教学内容方面就可以有新的选择。

（四）体育教学内容改革的方向与建议

1. 体育教学内容改革的方向

随着我国体育教学改革的逐步深入，一些改革的试点也正在如火如荼地开展。需要注意的是，体育教学内容的一些变化，会使体育教学出现一些难度大、锻炼性强、要求教学规范化和场地器材条件高的情况。在体育教学改革中，体育教学内容的改革无疑是其中最重要的一个方面，它是改革中最为直接、最易见效的部分。因此，体育教学内容的改革一定要把握好方向，其改革的方向应重点把握以下六点。

第一，改变体育教学内容趋于锻炼和达标相统一的趋势。

第二，解决体育教学内容与学生社会体育活动之间的差距问题。

第三，解决体育教学中与体育教学内容难度有关联的"教不会""教不懂"的问题。

第四，解决学生因体育教学内容缺乏娱乐因素而越来越不喜欢体育的问题。

第五，解决乡土教学内容开发不足的问题。

第六，解决体育教学内容民族化的问题。

当前，体育教学内容的改革既要求体育教学内容的改革和新课程的开发，也要求恢复一些传统体育教学内容中的精华部分，以提升学生学习体育的积极性。

2. 体育教学内容改革的建议

针对目前我国体育教学内容改革中存在的一些问题，结合现代体育教学内容改革与发展的方向，特提出以下五条建议。

第一，以学生为本，在选择体育教学内容时应更多地从学生如何学以及他们感兴趣的角度出发。

第二，改变体育教学内容规定过死的现象，将教学内容的弹性相应扩大，使地方学校和教师对体育教学内容的选择、设计更具灵活性。

第三，逐渐淡化竞技运动的技术体系。

第四，教学内容应更加丰富，涵盖范围更广，让学生和教师选择体育教学内容的权限更大，给教师和学生留出广阔的空间。

第五，适当增加女生喜爱的韵律体操和舞蹈内容。

体育教学内容的改革不是一时一日而成的，它是一项长期的任务，在改革的过程中，要真正使体育教学内容成为学生喜欢的、想学的、对学生未来的身体锻炼和业余休闲起到积极影响的东西，需要国家、学校以及包括体育教师在内的体育教学工作者的不断探索和努力，只有这样，改革出的体育教学内容才能与时俱进，符合时代的发展和学生的体育需求。

二、现代体育教学方法的创新发展

（一）现代体育教学方法的特征

体育教学方法具有一定的时代性，现阶段学校体育教学方法的发展呈现出以下四个方面的特征。

1. 体育教学理论的发展促进了教学方法的改善

体育教学理论的发展有利于体育教学方法的创新与进步。在新的体育教学理论的指导下，体育教学方法逐步实现了发展和创新。传统的体育教学过程中，对于体育运动技能的分析有所欠缺，并且同一运动项目的教学方法相对较为固定，甚至在不同的运动项目中都采用统一的教学方法。所以，在种类繁多的运动项目面前，体育教学方法是"以不变应万变"。然而随着有关专家对球类运动项目的研究不断深入，"领会式教学法"因其适合球类运动的特点应运而生。

2. 学生个性发展促进了体育教学方法的改进

时代环境不同，学生就会表现出不同的特点，并且学生的个性特点具有很多的变动性。因此，为了更好地促进体育教学目标的实现，促进体育教学效果的提高，教师应根据学生的具体情况，采用不同的体育教学方法。

学生各方面的变化主要体现在以下三个方面。

第一，随着接受的知识增多，学生的认知能力逐渐增强。

第二，随着时间的变化，学生的身体逐渐发育、成长。

第三，随着学生知识和阅历的丰富，其个性越来越强，并且形成了相应的价值观念。

另外，社会的文化价值观念对学生的个性发展也具有较为显著的影响，体育教学的方法也应随着学生各方面的变化而进行适当的调整。

3.体育教学内容的变革促进了教学方法的变革

为适应时代的发展，满足学生的体育需求，体育教学的内容处于不断地发展和变革之中，这也导致了体育教学方法的变革。例如随着定向运动和野外生存运动被引入体育教学之中，体育教学活动的野外组织和教学方法得到了更加广泛的开发。

4.科技进步促进了体育教学方法的创新

科学技术在不断丰富和方便人们日常生活的同时，在其他领域也发挥着重要的作用。在体育教学中，科学技术的进步对其教学方法的影响是极其深远的。随着多媒体技术的快速发展，其在体育教学中迅速得到普及，这使得体育教学中的动作示范更加标准、科学，资料的搜集、整合更加便捷，并且学生在学习空间和时间方面的限制被减弱，实现了实时的信息沟通。通过运用多媒体进行动作示范，能够从不同的侧面，以不同的速度，对不同部位的动作进行细致地分析和研究，使得传统的讲解示范等方法更加科学、高效。

（二）学校体育教学方法的发展趋势

现代学校体育经过多年的发展，已经发展成一门较为成熟的学科。教学方法经过多年的发展，已经成为具有自身特色的教法体系。随着经济社会的不断发展，其呈现出如下三方面的发展趋势。

1.现代化趋势

在教学方法的现代化过程中，体育教学的现代化十分明显。体育教学的重要表现之一是教学设备的现代化。通过采用先进的技术手段，使得教师能够更容易开展教学活动，学生能够更好地学习。通过先进的现代化设备，教师能够对学生的身体素质有更加深刻的了解，并能够更好地制定运动训练的负荷量。在教学管理方面，能够为学生的学习和生活提供更加便捷的服务。随着现代社会的发展，体育教学的各项技术逐渐发展，其教学方法也必然呈现出现代化的发展趋势。

2. 心理学化趋势

心理学认为，学习是一项复杂的心理过程。在体育教学过程中，学生学习是一项既要涉及相应理论知识的记忆，又要涉及动作技术记忆的过程。随着心理学研究的发展，学习过程的各个方面被人们认识，并且在具体教学实践过程中，心理学的相关理论逐渐受到重视。在体育教学方法的发展过程中，心理学的很多研究成果将会进一步得到应用，这对于体育教学效果的提高具有重要的意义。另外，体育教学还肩负着培养和发展学生的良好意志品质、促进学生的心理健康等方面的重要作用，通过运用相应的心理学方面的方法，能够更好地达到这方面的目的。

3. 个性化与民主化趋势

体育教学方法的个性化和民主化是其发展的主要趋势之一。在传统的教学过程中，教师是教学的主体，在教学过程中具有很强的统一性，教师的教学活动忽视了学生个体之间的差异性。随着教学活动的开展，社会越来越注重学生个性的发展，体育教学方法的发展也必然呈现个性化的发展趋势。个性化的教学方法改革和创新对于学生和社会的发展均具有重要的意义。

体育教学的民主化也是大势所趋。随着教学过程中师生民主意识的崛起，民主化的体育教学方法也得到快速的发展。

第三节　体育教学设计的创新

体育教学要想取得理想的效果，必须进行科学合理的设计。而在进行体育教学设计时需要分析体育教学的各方面要素，做到科学全面、符合实际。对体育教学设计进行研究，主要包括体育教学设计概述、体育教学设计的过程与评价以及体育教学设计的创新发展等。希望通过对这些方面的分析，为体育教学设计提供指导，促进体育教学取得理想的效果。

一、体育教学设计概述

（一）体育教学设计的概念

体育教学设计是教学执行者和参与者为提高教学质量，在教学活动中采取的具体的教学活动方案。

从整个教学系统来讲，体育教学设计在指导思想、基本思路、基本程序上与其他课程教学设计是一脉相承的。但是，在设计具体操作方案时，教师要根据体育教学自身的特点，充分考虑学生身体和心理发展的基础和相互关系，结合体育教学的环境和条件、教学现状，对未来体育教学过程中可能出现的一系列问题进行预测，对师生未来的活动进行规划、准备，从而制订相应的方案。

在现代高校体育教学中，科学的体育教学设计有利于促使体育教学理论与教学实践的有机结合，能为教师提供科学合理的体育教学设计的方法。同时，有助于发现体育教学中的各种问题，积极思考和探索解决问题的办法和思路，使教学设计方案更具实效性，并有助于促进体育教学工作的科学化，促使教师的教学从经验型向科学型转变，从而提高体育教师的专业化素质。此外，其还是显著提高体育教师教学效率和教学效果的有效手段之一。

（二）体育教学设计的特点

体育教学设计具有鲜明的特点，具体表现在超前性、差距性和创造性三个方面。

1. 超前性

体育教学设计是在进行体育教学之前，对体育教学所作出的一种安排或策划，即体育教学设计在前，体育教学在后。所以说体育教学设计具有一定的超前性。

从本质上讲，体育教学设计只是对体育教学活动的一种设想和预测，它对体育教学活动中的一切要素进行构想，并提出解决问题的方案。具体来说，体育教学设计是对即将进行的体育教学中可能产生的问题进行分析，是根据体育教育、教学理论和学生的学习需求，针对可能发生的问题提出解决方法的一种设想。

2. 差距性

体育教学设计是在体育与健康课程理念和体育学习需要指导下所形成的一种实施方案。在方案实施过程中会出现许多难以预测的情况，因为体育教学设计者对体育教学中可能出现的问题、对现有条件的分析、所采取的解决问题的方法等都有不同的理解。

体育教学设计的差距性特点使体育教师在教学过程中要时刻根据具体的教学情况调整教学方案，以适应不断变化的教学要求，这主要表现在两个方面：一方面，体育教学设计是以体育与健康课程理念为基础，以学生的体育学习需要为基础，对体育教学实践活动具有重要的指导意义；另一方面，体育教学过程具有一定的复杂性和多变性，体育教师在体育教学设计中不可能完全考虑周全，体育教学设计者设计出的教学方案不能全面概括教学实践，不能完全解决教学实际中存在的各种问题。

3. 创造性

体育教学设计的过程是一个解决教学问题的过程，更是一个创造性的过程。体育教学目标的多元化、体育教材的多功能性、体育教学方法的多样化等特点，决定了体育教学过程具有复杂性和不确定性的特点。体育教师在教学活动之前完全按照教学计划开展活动是不现实的。因此，体育教学设计必须具有一定的创造性，只有这样，才有可能充分解决教学中存在的问题。

作为体育教学的一种特质，体育教学过程的变化性为体育教学设计提供了创造性的开放空间。体育教学过程就是发展学生创造能力和培养教师创新精神的过程。

体育教学设计的创造性对体育教师的专业能力和专业素质提出了较高的要求，要求体育教师具有创造性地解决体育教学活动中出现问题的能力，这对培养和增强学生的创新意识和创新能力具有重要的意义。体育教师要具备一定的创新能力和创造能力，第一，必须具备扎实而丰富的文化基础知识；第二，具备出色的专业技术知识和专业能力；第三，具备创造性的思维和想象力。只有这样才能创造出多元、科学、有效的体育教学方案。创造力是体育教师教学执行力的重要组成部分。

（三）体育教学设计的指导理论

体育教学设计是一个多变的、富有创造性的复杂过程，进行教学设计之前，体育教师必须掌握必要的理论知识，以科学方法指导体育教学设计过程，设计出的教学方案才具有一定的科学性和可靠性。在各种不同的学科分类中，与体育教学设计相关的理论有很多，体育教学设计的要素和方法都要建立在这些理论基础之上，具体来说，主要包括以下四种理论。

1. 系统理论

（1）系统理论概述

"系统"是元素及其关系的总和。贝塔朗菲是系统论的创始人，他认为系统是相互作用的诸要素的复合体。整个人类社会和自然万物的活动都是以系统的形式存在的，只是系统的大小不同、构成层次不同、内容和形式也不同。

系统是不断发展变化的，这主要受其构成要素的发展变化的影响。系统可大可小，由若干子系统构成。构成系统要满足以下三个基本条件。

1）系统要素。系统包括诸多元素。这些元素之间存在一定的联系，相互依存、相互制约，共同促进系统的发展。

2）系统结构。系统具有一定的结构。系统之所以成为系统是因为构成系统的各元素之间存在一定的联系，元素之间没有联系，就不能构成系统。

3）系统环境。任何系统都必然存在于一定的环境中。系统与环境相互作用、相互影响，可以说没有环境就没有系统。

（2）系统理论的体育教学设计指导

系统理论为体育教学设计提供了重要的系统分析的方法，可以帮助体育教师从整体上把握体育教学设计的方法、程序、步骤等，使其设计出的体育教学方案科学合理。根据系统论，可以将体育教学系统划分为以下五个子系统。

1）教学组织者。教师是教学活动的主体，是体育教学活动的组织者和引导者。就教师队伍而言，有带头人、骨干和助手等要素，又有老年、中年和青年等要素；就教师个体来讲，包含体育知识储备、运用体育方法、运用教学媒体以及主观努力程度等要素。

2）教学对象。

学生是体育教学的对象，是体育教学活动的主体。没有这一主体，体育教学活动就无从开展。

3）教学内容。

教学内容即教材，它决定着体育教师教什么和学生学什么，具体包含了教授体育与健康知识、教授体育与健康技能、发展学生智力、提高学生社会适应能力、培养学生体育情感等要素。

4）教学方法与手段。教学方法与手段是指教师和学生为达到体育教学目的和完成教学任务所采取的各种方式和手段。教学方法的合理运用对教学过程的顺利开展以及良好体育教学效果的取得具有重要的影响作用。

5）教学媒体。教学媒体是体育教学的辅助性物质基础设施，它主要包含语言、文字、动作示范等视听要素和记录、储存、再现符号等实体要素，图片、模型、电视、电影、录像、电脑模拟等都属于教学媒体的范畴。

体育教学设计是一项长期复杂的工作，是一种不断趋向完美的循环过程，是一个系统工程，是在"设计—实施—反馈—修改设计"这样一种循环往复的过程中进行的。体育教学系统的各个子系统之间相互影响，它们都在体育教学目标的支配下共同发生作用，缺一不可。这些系统之间是紧密联系在一起的，构成了整个体育教学系统。

2．学习理论

（1）学习理论概述

学习理论研究的对象是人类学习的本质及其形成机制，属于心理学理论的范畴。学习理论强调的学习泛指有机体因经验而发生的行为变化。

现代学习理论主要有三大学派，即行为主义学派、认知主义学派和人本主义学派。这三大学派对学习的性质都有不同的见解。行为主义心理学家认为学习是"由经验引起的行为相对持久的变化",主张通过强化、模仿形成和改变行为;认知主义学派强调学习是认知结构的建立与组织的过程,重视整体性和发展式学习;人本主义学派认为学习应"以学习者为中心",重视学生潜力的发展和自学能力的发展。三种学派的理论主张各有利弊。

就当前我国高校体育教学现状来讲,现代学习理论对体育教学实践活动的影响主要体现在三个方面。第一,学习理论为研究者从事体育教学研究提供了基本的途径和方法;第二,学习理论归纳了大量的有关学习法则的知识,为学生更好地参加体育教学提供了保障;第三,学习理论重视对学生学习的发生和发展过程的分析和解释,阐述了学生学习效果参差不齐的原因。

（2）学习理论对体育教学设计的指导

学生是体育教学活动的主体,体育教学设计必须尊重学生、重视学生、关爱学生,这是现代学习理论对体育教学设计的重要启发。

根据学习理论的核心观点和主张,体育教学设计应根据学生的体育学习需要,确定体育教学的目标、教学策略、实施方案等,充分发挥体育教学的教育功能,提高教学质量,增强学生体质。结合学习理论的三大学派的理论认知,不同学派对高校体育教学设计支持的具体内容如下。

1）行为主义学派。斯金纳的程序教学理论是行为主义学派学习理论的代表,该理论从探讨程序学习的主要方式,发展到重视对学生作业的分析、对教材逻辑顺序的研究以及对学生行为目标的分析,然后考虑整体教学过程中更为复杂的因素,设计最优教学策略,并在教学措施实施之后做出相应的评价,使程序设计更符合逻辑性,更具科学性。

2）认知主义学派。认知主义学派的学习理论对体育教学设计的指导作用主要体现在两个方面:一方面,在体育教学设计中,教师应充分重视学生的主体作用,充分考虑体育教材内容的知识、技能结构;另一方面,体育教师要做好体育教学设计模式、方法、手段的选择,帮助学生顺利地完成对新知识和技能的同化和认知结构的重新构建，提高学生学习的积极性，提高运动水平。

3）人本主义学派。人本主义学派理论主张教师应"以学生为中心"展开教学活动，即在教学活动中充分挖掘学生的潜能，促进学生的进一步发展。

虽然学习理论的不同学派各有研究重点和理论方向，但就教师而言，只要能结合具体的体育教学实践选择适合自己的理论，结合自身的具体实际情况合理选择体育教学的手段和方法等，就能不断提高自身的素质和水平，也能实现体育教学效果的不断优化。

3. 教学理论

（1）教学理论概述

教学理论是研究教学本质和一般规律的科学。它通过规律性的认识来确定优化学习的各种教学条件与方法，要解决的核心问题是教师的"教"和学生的"学"。

教学理论由来已久，且国内外研究均有不同成就。在我国，古代孔孟儒家教学思想以及近现代时期蔡元培、陶行知等倡导教学要重视发展儿童的个性、发挥儿童主观能动性的教育思想都是比较实用的教学理论。教学理论包括以下五个方面。

第一是教学本质，即解释教学过程的影响因素、组成结构及规律。

第二是教学价值、教学目的和教学目标，即探讨教学目的、教学目的的制定依据以及教学活动的关系。

第三是教学内容，即仔细分析教师、学生与教学内容的关系，科学选择、调整和合理编排教学内容。

第四是教学模式、教学原则和教学组织形式，即重点研究教学的手段和方法。

第五是教学评价，主要包括教学评价的标准、要求、手段和反馈。

（2）教学理论对体育教学设计的指导

教学理论是体育教学设计的重要指导思想之一。体育教学设计是教学理论与教学实践之间的一座桥梁。体育教学设计在系统中为教学理论应用于实践创造了良好的基础。具体来讲，在教学理论的指导下，体育教学设计者通过对教学理论研究的对象和范畴等的认识及其相互之间的关系，以教学理论为基础，结合教学设计中的各项要素，如体育教学指导思想、体育教学目标、体育教学方法等设计出教学方案，最终完成科学的体育教学设计。

4. 传播学理论

（1）传播理论概述

传播就是信息的传递。著名传播学学者威尔伯·施拉姆指出，信号的传播和接收模式包括信息发送者、信号、信息通道、信息接收者四个要素。信息的传播需要经历三个阶段：首先，信息发送者通过各种媒体，使用各种方式发送信息；其次，信息接收者对信息发送者发送的信息进行编码（按自己的理解为其附加一定的意义）；最后，被编码后的信息通过信息传播通道再传播出去。

要想正确认识和理解传播理论，需要认清以下三点。

第一，在一个完整的传播过程中，有效的传播不仅是发送信息，还要通过反馈途径从接收者那里获取反馈信息，以便确认发出去的信息是否得到了正确的反馈。

第二，在传播过程中，信号的形式和结构影响着信息的接收。通常情况下，接收者控制信号的程度越高，传播的效果越好。

第三，传播主要有个人间传播、小组间传播、机构间传播和大众传播四种形式。这几种传播形式各有特点、优势和弊端。

（2）传播理论对体育教学设计的支持

传播理论的基本思想和观点对现代体育教学中教学媒体的分析和选择具有重要的启示。科学选择教学媒体对学生理解教学信息、提高教学质量具有重要的意义。根据传播学理论，体育教学过程也是一个信息传播的过程，因此传播学理论也能为体育教学设计者设计体育教学方案提供一定的理论支持。

具体来说，传播理论对体育教学设计者的指导主要表现在以下三个方面。

1）体育教学过程的要素分析。在传播学理论的发展过程中，不同的学者对传播过程、模式、要素等进行了深入的分析，不断提出新的研究成果，这在一定程度上影响和促进着体育教学的研究与发展。

2）体育教学过程的双向性。信息的传播不是单向的，而是信息发送者和信息接收者的双向互动过程，这主要得益于反馈机制的存在，因此传播过程能不断循环进行。学者奥斯古德和施拉姆所提出的奥斯古德－施拉姆传播模式强调传播者和受传者都是积极的传播主体，可见体育教学信息的传播也具有双向性和互动性的特点，具体是通过教师和学生双方的传播行为来实现的。因此，高校体育教学过程的设计必须重视"教"与"学"两个方面，要求高校体育教学设计者充分利用反馈信息，随时控制和调整体育教学过程中的"教"与"学"。

3）传播过程要素构成体育教学设计过程。一个完整的传播过程，包括传播内容、受众、媒体、效果等因素，对这些要素进行分析，是体育教师做好体育教学评价的基础。

（四）体育教学设计的基本原则

1. 目标导向性原则

目标导向性原则是指体育教学设计必须紧扣体育教学目标，所有教学环节的设计都以目标为导向，体育教学设计方案要保证实施过程的教学行为与目标保持一致。

体育教学目标由体育与健康课程目标所决定。体育教学的目的就是帮助学生从起始状态达到目标状态。因此，体育教学设计的每一个环节、每一个步骤都要考虑对教学目标的实现的功能和作用效果。体育教学设计就是一个通过解决问题以实现体育教学目标的准备过程。

2. 整体优化原则

整体优化原则是指在进行体育教学设计时，要在对体育教学过程各个因素优化设计的基础上，处理好体育教学系统内部各子系统之间的关系，将各因素科学整合，充分发挥体育教学的整体功能，以达到最优化的教学效果。

体育教师在体育教学设计的过程中要把握好整体优化性原则，将体育教学系统的每一个要素、环节都置于系统的整体设计之中，从而设计出最优的体育教学方案。

3. 可操作性原则

可操作性原则要求体育教学设计方案实用、高效。体育教学设计只有具备了可操作性的特点，才能更好地提高体育教学的效率。

体育教师在制订体育教学设计方案时要把握好可操作性原则。体育教师在进行教学设计时，不能生搬硬套教科书上的案例和模式，要认真分析具体的教学背景和实际，制定出切合自己学校及班级特点的教学目标，内容安排应与现有教学条件相适应。

4. 系统性原则

系统性原则是指体育教学设计的整个过程要贯彻系统论的思想，使其成为一个有机统一的整体。具体来说，在体育教学设计的过程中，体育教师要学会用系统的理论分析问题，从整体的角度出发，对体育课堂活动中的各要素进行分析，制订出各种体育教学的方案，加以比较，从中选出最优方案指导教学实践。

5. 灵活性原则

灵活性原则要求体育教学设计符合体育教学的发展，灵活多变。体育教师遵循灵活性的教学设计的原则有三方面的原因：首先，体育教学活动受外界环境的影响较大，如场地、季节、气候等影响，体育教学设计要根据实际情况做出适当的调整；其次，体育教学过程中师生、生生之间交往复杂，角色不断发生变化；最后，在体育教学活动中，学生的身体、心理是不断发展和变化的，体育教学设计方案也应根据实际情况做出适当的调整。

6. 趣味性原则

体育教学过程的趣味性原则要求体育教学设计必须体现出趣味性。体育教学过程中，影响学生学习的因素不仅有智力因素，还有非智力因素，如动机、兴趣、情感和态度等。同时，体育教学内容大多起源于各种游戏。因此，体育教师在进行体育教学设计时，要把握好趣味性原则，具体应做好这些工作：首先，体育教师应充分了解学生的兴趣，根据学生的不同兴趣及要求，合理安排体育教学的内容；其次，体育教学方案要包含创新的教学手段和方法，对一些枯燥和技能性较强的内容通过适当加工、改造以满足学生的需要；最后，体育教师要认真分析体育教学内容的特性，教学方案设计要适合学生的身体和技能情况。

7.简明性原则

简明性原则是指体育教学设计过程与方法应该是简便易行的。很多人认为教学设计是一项非常复杂的教学技术，使用起来也不方便。实质上，教学设计的重要作用之一就是提高教学的效率与效果。因此，体育教学设计是一项指导教师教学的简明技术、手段，它不应该给教师增加额外的负担，而应该是教师们易于掌握，使用起来简单明了，有利于学校体育教学目标的实现。

8.创新性原则

创新性原则是指体育教学设计中在体育教学理念、体育教学内容、体育教学方法和策略等方面对常规或传统体育教学有所突破或超越。体育教学设计的创新能有效地挖掘教学资源和提高教学效率，从而实现体育教学的低耗高效。此外，体育教学设计的创新性可为学生创新意识和创造能力的发展营造氛围、设计空间。

体育教学设计的创新性原则要求体育教师必须具备一定的创新性思维，这样才能设计出创新的体育教学方案。

二、现代体育教学设计的过程与评价

（一）体育教学设计的过程

1.体育教学目标的设计

体育教学目标的设计是体育教学设计的重要环节，其他的体育教学设计环节都要围绕它来进行。体育教学目标的设计步骤具体如下。

（1）分析教学对象

分析体育教学对象即分析体育学习者的学习需要、一般特点、起始能力和学习风格等。这是找出体育教学中出现的问题以及解决办法，确定学习者现状和目标之间差距的重要环节。同时，体育学习者的一般特点、学习风格和体育与健康知识、技能起点也制约着体育教学目标的实现。

（2）分析教材内容

分析体育教材内容的目的在于确定体育教材内容的特点、功能、范围和深度以及选择体育教材内容的依据等，使体育教材内容更好地为实现体育教学的目标服务。

（3）编写教学目标

一个完整、明确的体育教学目标应包括教学对象、学生的体育行为、确定行为的条件及程度四个部分。这四部分适用于认知、动作技能、情感领域内体育教学目标的编写。

通过体育教学目标的设计，学生明确了要学习的内容和应该达到的水平，这样便于学习者互评和自评，找出与教学目标的差距，从而增强自我调控能力和学习能力。

2. 体育教学策略的设计

体育教学策略设计步骤具体如下。

（1）设计体育教学组织形式

设计的内容主要包括体育课堂常规的设计；教学场地与器材的布置；队伍、队形的安排与调动；集体教学、分组教学或个别教学形式的选择。体育教学组织形式是实施体育教学活动的关键所在，科学合理的教学组织形式将对体育教学效果产生重要的影响。

（2）设计体育教学手段

首先，结合实际情况分析通过哪些体育教学手段可以达成体育教学目标。其次，分析体育教学内容借助什么体育教学手段才能完成体育教学任务。再次，根据体育教学的对象合理选择和设计教学手段。在选用和设计体育教学手段时，必须顾及教学对象的年龄特征。此外，还要考虑学生的兴趣习惯及发展需要等因素。最后，针对学校体育教学实际选择和创造教学手段。在体育教学中设计和选用教学手段时，不能脱离教学实际，应符合体育教学设计的基本原则。

（3）设计体育教学方法

首先，分析体育教材内容以及体育教学媒介，清楚达到目标的手段有哪些。其次，了解相关的体育教育教学规律。主要包括体育学科的特点，学生的身心发展特征，体育教学的生理学基础、心理学基础、运动学基础和社会学基础等。最后，按照一定的程序来设计科学、合理、有效的体育教学方法。

3.体育教学过程的设计

体育教学过程的设计就是按照现代系统论的观点，对体育教学各环节的设计进行优化组合，它为最佳体育教学完整方案提供了思路。体育教学设计对教学过程的表述是采用类似于计算机流程图的形式进行的。

采用流程图方式可以直观地展示整个体育课堂活动中各个要素之间的关系、比重；教师可以根据学习者的不同反应作出相应的教学处理，灵活性高，目的性强；能直观、简明地表现整个体育教学过程。

（二）体育教学设计的评价

1.体育教学设计评价的概念

体育教学设计的评价是指以体育教学设计方案为评价对象，制订合理的评价方案和科学的标准，运用一切有效的技术手段，对教学设计方案进行形成性评价。

体育教学设计的评价为教学设计方案的改进和完善提供反馈信息，是提高教学设计质量、获得最优化教学效果的保障。

体育教学设计的评价主要包括以下两个方面。

一方面，由体育教学方案的设计者和相关专家对体育教学方案本身进行评价；根据体育教学设计的流程，对各个体育教学要素的分析和设计结果进行检查和评价。

另一方面，将体育教学方案运用到体育教学实践中，根据形成性评价的要求，确定收集资料的类型、制定评价标准，然后运用评价工具对教学过程进行评价，最后归纳和分析回收的资料，并出具评价结果报告，为教学方案的修改和制订提供依据。

2. 体育教学设计方案的评价

体育教学设计方案的评价涉及体育教学目标、体育教材内容、体育学习者、体育教学策略、体育学习需要、体育教学过程，以及总体上影响体育教学实施效果的因素，包括体育教学模式、体育课的类型以及体育课的结构。

（1）体育教学设计方案评价的类型

第一，设计者根据体育教学设计的流程和要素逐一进行检查和评价，为修改和完善设计方案提供反馈信息。

第二，请有关的体育理论专家、学校体育学理论专家以及体育教学研究者对方案进行全方位的评价，为设计者改进体育教学方案提供理论支持，以便更好地进行实践指导。

第三，请工作在第一线的体育教师，结合自身对体育教学的感性和理性认识，结合体育教学设计的要求，对体育教学方案进行评估，为教学设计者提供建议。

（2）体育教学设计方案评价的标准

一是体育课的类型和结构的评价标准是体育教学目标。二是体育教学模式的评价标准是体育教学目标和体育学习者。三是体育教材内容的评价标准是体育教学目标、体育教材呈现的功能。四是体育学习者的评价标准是体育教学对象应具有的学习起点、一般特点和学习风格。五是体育学习需要的评价标准是体育教学目标与体育学习者目前的现实状态（体育教学目标呈现的领域）的差距。六是体育教学目标的评价标准是体育与健康课程的领域目标、教学对象的特点和学习需要。七是体育教学策略的评价标准是方案中所采用的教学策略是否能有效达到教学目标，是否符合体育学习者的特点，是否适合该体育教学内容。八是体育教学过程的评价标准设计结果是否是体育教学过程所呈现的，设计结果的整体功能是否大于部分功能之和。

（3）体育教学设计方案评价的意义

体育教学设计方案的评价是体育教学设计评价的第一步，是形成最优化体育教学方案的关键内容。

体育教学方案评价有利于促进体育教学设计理论不断发展；有利于检查体育教学方案的完整性、科学性和合理性；有利于体育教师熟练地掌握体育教学设计的流程和操作技术；有利于提高教师对体育教学过程整体性的再认识；有利于教学方案在实施之前得到最大限度的优化，从而显著提高体育教学的质量和水平。

3.制订体育教学设计的评价方案

（1）选择评价工具

在体育教学设计方案形成性评价中，经常使用的工具有测验、征答表（征求意见并须回答）、观察表三种。

测验适合收集体育与健康的认知目标的信息；征答表适合收集学生情感、态度和价值观的培养效果信息；观察表适合收集动作技能水平的信息。

（2）设计方案的试用和资料收集

体育教学设计方案的试用和相关资料的收集是同时进行的，其基本步骤有以下五点。

1）向学生说明须知。在开始教学前，应让学生知道试用教学设计方案的有关情况，如试用方案的目的是了解设计方案的质量而非被试者的能力，学生不必紧张和焦虑；试用活动的程序和试用所需的时间；学生将参与活动的类型及其注意事项；将收集哪些方面的资料以供分析使用等。

2）严格实施教学。教学设计方案的实施应具有可复制性的特点，即对第一组受试者进行教学后，受试者的学习水平应达到预期的教学目标的要求；对第二组受试者进行教学后，得到与第一组受试者大致相同的教学效果。为此，教学设计方案必须是完整的，必须保证教学严格按照教学设计方案进行。

3）观察教学过程。在试用体育教学方案时，应该安排一定的观察者，观察整个教学过程，并做好记录，记录主要包括以下内容。

一是学生提出了哪些问题，问题的性质和类型是什么。二是教师是如何处理这些问题的。三是各项体育教学活动花费的时间。四是教师如何指导各项教学内容的学习。五是在整个学习过程中，学生的注意力及主动性如何。

4）后置测试与问卷调查。体育教学设计方案施行后会进行必要的测试和问卷调查。测试主要是考查学生的学习成绩；问卷调查则主要收集有关人员对教学过程的意见。测验题和问卷表可分开印发，此项活动通常紧接在教学试行后着手进行，但如果是为了了解教学设计方案对体育与健康知识和动作技能的保持是否具有意义，测验的时间就应该适当推延。

5）评价方案的制订。制订设计成果的评价方案是体育教学设计评价中一项重要的基础工作，它将详细说明在体育教学活动的每一个环节应收集何种资料才能确定设计成果的哪些地方是有效的，哪些环节是有待改进的，应建立怎样的标准来解释收集的资料以及评价需要怎样的条件。

4. 体育教学设计方案实施的评价

体育教学设计方案制订好以后就进入了实施阶段，只有经过具体的实践才能证明体育教学设计方案是否合理。

（1）实施教学

在教学设计方案完整的基础上，通过对不同组别的受试者进行教学，并对受试者的学习水平应达到预期的教学效果（教学目标的要求）进行分析，教学过程中应尽量避免人为因素。

（2）观察教学

在体育教学方案实施的过程中，应该安排一定的观察者观察整个教学过程，并做好观察记录，具体应记录以下内容。

第一，教学过程中各项体育教学活动花费的时间。第二，教师对各项教学内容的组织和安排方法、风格及特点。第三，学生提出的问题的性质和类型。第四，教师是如何处理学生提出的问题的。第五，在整个教学过程中，学生的注意力、态度是怎样的。

（3）后置测试和问卷调查

体育教学设计方案试用后应及时进行某种形式的测验（学生的学习成绩）和问卷调查（学生对教学过程的态度、看法、意见和建议），以便了解教学设计方案对体育与健康知识和动作技能的保持是否具有意义。应注意的是，收集成绩资料和测验应该在体育教学设计方案实施后适当推延一段时间进行。

（4）归纳和分析资料

一方面，应认真归纳、整理和分析对学生进行的测试及问卷调查资料，使体育教师充分了解学生在教学过程中的实际表现和感受，并结合实际情况及时调整教学设计方案。

另一方面，教学设计方案评价者可就体育教学执行者教学设计方案的实施做初步分析，对其中存在的一些问题给出相应的解释，或就这些问题咨询、访问教育学家、心理学家、学科专家和有经验的教师，或与被试师生进行访谈，最后整合自己的分析结果和咨询、访谈结果，对体育教学设计方案进行修改。

（5）评价结果报告

对体育教学设计方案的修改不是即时完成的，也不一定由原设计者进行修改，因此，需要将试用和评价情况及结论写成书面的评价结果报告。

体育教学设计方案的形成性评价报告应包括以下内容。

第一，体育教学设计方案的名称。第二，体育教学设计方案的试用宗旨、范围和要求。第三，体育教学设计方案的评价项目。第四，体育教学设计方案的评价。第五，体育教学设计方案的改进意见。第六，体育教学设计方案评价者的姓名、职称。第七，体育教学设计方案的评价时间。

体育教学设计方案的评价结果后应附上评价数据概述表、采访记录、有关分析说明等书面材料，以便于后续分析、总结。

三、现代体育教学设计的创新发展

（一）以"以人为本"为设计核心

"以人为本"是体育教学的重要原则之一，对与体育教学相关的一切事务有指导作用，体育教学设计也是其中一项。

传统体育教学过于注重传授体育知识或技能的教学设计，课堂教学显得简单粗暴，是一种"重教轻育"的行为。而在新时代下，特别是对素质教育重新定义后，体育的关键在于"育"，学习运动技术或知识只是育人的一个载体。在遵循以人为本原则开展的体育教学设计工作必定会在设计中关注人文精神在体育教学中的存在意义，使得体育教学不仅是一个领域的知识或技能的培养这么简单，而是要成为培养人的良好生活习惯和健全人格的教育行为，因此，体育教育工作者应坚持"以学生为本"进行教学设计。

（二）以"终身体育"为设计宗旨

"终身体育"是现代体育教学的目标之一，这一目标也符合素质教育的要求。因此，在体育教学设计中要将"终身体育"的培养理念融入进来，最终通过向学生传授体育知识、运动技巧、技能以及方法等教学行为使学生清楚地认识到健康的重要意义，养成良好的体育锻炼习惯，并将其融入日常生活。

（三）注重对学习环境的构建

学习环境是开展教学活动的另类载体。学习环境包括有形的体育教学场地、体育器材等，无形的体育教学环境包括体育教学软实力、教学氛围以及校园体育文化等。现代教育学认为学习已经不再像过往那样只是对知识的传输或接受的过程，而是将学习的行为认定为需要有强大意志性、意图性、自主性的建构实践。知识和技能的获得需要在个体运用知识和技能的"情境"中得到，因此，为了获得所需知识或技能，就需要为这一目标特别创建与之相适应的环境。

（四）探索并应用新教育技术

信息化时代，支撑信息传输的媒介就是电子计算机和互联网，多媒体技术的发展也日新月异。现代教育技术在体育教学设计中的应用还主要体现在辅助和支持作用上，以此为高校学生自主学习体育课程、进行个性化发展搭建网络信息平台。多媒体教室的建立以及将便携的多媒体终端带到各种教学场所，更展现了现代教育技术在实践中较强的适应能力。这些技术为高校体育教学工作注入了新的活力。因此，要重视研究多媒体在体育教学中的应用，研究并应用适合体育运动特点的多媒体软件，设计出生动形象的画面并运用于教学实践中，从而不断提高体育教学质量。

第七章

多媒体与网络技术
在高校体育教学中的应用

第一节　多媒体技术在高校体育教学中的应用

一、多媒体教学技术的特征

（一）多媒体教学技术的多维性

众所周知，多媒体技术具有多维性特点，也就是具有扩展信息范围的空间处理、加工能力，同时这种多维性的功能可以及时转换、处理以及录入信息，从而快速提升输出信息的表现能力，进一步充实和丰富显示效果。随着信息技术的不断发展，多媒体已经成为现代教育工作开展的重要工具之一。借助多媒体系统，学生既能深入学习文本知识、观察图片，又能够清楚地观察、了解体育教师的动作演示，使高校体育教学效果得到加强。

（二）多媒体教学技术的集成性

集成性是多媒体技术的主要特征，是指多媒体技术可以把声音、图像等各种不同种类的媒体信息有机地同步结合起来，继而推动多媒体完成信息"相册"的制作。另外，多媒体技术还能将这些多媒体信息加工工具或装置整合在一起，如视频设备、储存系统等。换言之，就是在多媒体提供的不同设备上将各种媒体紧密关联起来，使文字、声音、图片与音像的处理实现一体化。

（三）多媒体教学技术的交互性

多媒体教学技术的交互性特征，主要指的是人和人之间、人和机器之间、机器和机器之间的交互活动，也就是人和机器进行对话的能力。这也是多媒体计算机系统与家电设备的区别所在。根据实际需要，人们能够选择、控制、检索多媒体系统，同时能够参与播放多媒体信息与组织多媒体节目的行列。

（四）多媒体教学技术的数字化

数字化特征主要指各种媒体信息以数字方式存储和加工于计算机之中。多媒体信息技术与教育教学之间有着十分紧密的联系，能够将传统教学中没有或者不能实现的各种功能融入现代教学活动当中。多媒体技术通常以数字化处理为前提，如以矢量方式储存与处理的图形、以点阵方式储存与处理的图像、以数字编码方式储存与处理的音频和视频。在数字化技术发展的背景下，多媒体教学技术得到了广泛的传播与发展。

除了上述四种主要特征，多媒体教学技术还有一些其他特征，比如实时性、分布性与综合性等特征。实时性特征主要指对于同时间相关的任务处理。例如当处理声音和视频信号时，也有对人机的运行和检索的实时完成。分布性特征指以多媒体数据多样性为基础，在不同的时间与空间都存在它的素材，在不同的领域，这些素材都得到了广泛应用。所以，对于多媒体产品的开发，在离不开计算机专业人才参与的同时，更加需要的是视、听专业的人才。多媒体计算机系统存在比较明显的综合性，它不仅能够综合集成各种媒体设备，还能够综合集成各种信息，使它们成为整体，促进综合效应的产生，不再是单兵作战，而是文字、图片、声音与音像的有机组合。

二、多媒体在高校体育教学中的应用优势

（一）高校体育教学观念得到更新

在高校体育教学中，传统的教学模式主要集中在教师的教学上。将多媒体技术运用到高校的体育教学中，能让高校体育教学模式得到改变。体育教师在开展教学时，运用现代化多媒体教学手段，不仅要进行人机交互活动，还需要与学生开展交流、沟通，让学生的体育参与意识被调动起来，体现体育多媒体教学思想。简单来说，就是学生以"学"为本。这样不仅能够实现体育课程资源开发的优化配置，也能提高高校体育教学质量，推动高校体育教学方法实践性和多样性的进一步转变，转变学生学习体育知识和技能的观念和模式。

（二）高校体育教学质量得到提高

多媒体高校体育教学的实施，在文字与图片的辅助下，体育课程的抽象概念得以具体化、形象化，而且能通过计算机对难度较高的体育技术动作进行模拟演示。除此之外，体育教师在演示和讲解结构复杂以及速度比较快的体育技术动作过程之中，所获得的成果更显著。通过多媒体信息技术，可以有效提高课堂教学质量以及教学效果。以多媒体技术为依托，通过慢动作，让学生清楚地认识该系列动作的特点，促进相关体育概念的形成与动作要领的掌握，方便学生进行模仿与掌握，极大提高了高校体育教学的效率。

（三）学生的体育学习效果得到提高

多媒体技术能够使人的视觉、听觉和其他各种感官系统受到不同程度的刺激，促使大脑各功能区域进行交替活动，推动体育学习内容的形象化和生动化的进一步开发；使高校体育教学活动直观性和趣味性大幅提升，便于学生了解体育技术动作。多媒体技术综合利用字体、色彩、图表、音乐、动画和闪烁等多种表现手段进行综合利用，保证"声图并茂""有声有色"；使得高校体育教学内容的艺术表现力与感染力得到增强，使高校体育教学

的课堂氛围得到活跃，特别是多媒体高校体育教学资料中对肢体和谐美、力量美与技艺美的体现；使高校学生对体育的功效与社会价值拥有真正的认识；既使学生学习体育的求知欲被激发出来，又使其学习体育的积极性被充分调动起来，继而让学生对体育学习产生浓厚的兴趣，使体育课堂教学质量切实提升。

三、CAI 在高校体育教学中的应用

目前，CAI（Computer Aided Instruction，计算机辅助教学）正迎来一个多媒体大面积教学的时代，即使用先进的计算机技术、多媒体技术、网络技术、通信技术和设备，让最好的教师面向最广大的学生的时代。所以，保证 CAI 大数量、高质量的发展具有十分深远的意义。

（一）CAI 在体育教学中的优势分析

在高校体育教学活动开展的过程中，由于高校体育教学内容与高校体育教学任务方面存在一定的需求，因此 CAI 能够科学、合理地选择现代化教学媒体，并进行应用。信息仅靠人体单一发声器官的传递是不完整的，想要完成全方位的传递，需要人体的多种器官协调运行。另外，开展的多媒体系统教学还要能够进行反馈与调控，在高校体育教学开展的过程中，要保证 CAI 的存在是始终有效的，从而实现高校体育教学过程的优化。CAI 高校体育教学存在的优点有以下五种。

1. 方便体育教师对学生的指导

计算机可以承载与教学有关的海量信息，并且可以根据高校体育教学的各种实际需求，开展人机对话，随意地调用、开展各种各样的高校体育教学活动。

2. 帮助学生尽快建立动作概念

如果能够将 CAI 应用在体育课堂教学过程中，就能够促进取得良好的教学效果。以高校体育教师教授足球理论课为例，在授课的时候提及"越位"概念，虽然多数学生能对这一概念有一个较好的认识，但是在具体实践中，不一定能够很好地把握。因此，体育教师在表达时，既能够灵活运用画图

形式，又可用声像资料等，对足球比赛活动的某些典型和非典型"越位"场景进行剪辑，放在同一个视频当中，使学生理解这一概念。

3. 学生利用多媒体开展自我学习

对于多媒体教学的使用方法，由体育教师向学生传授，保证学生的体育学习活动不仅能够在课堂上进行，还能够在课堂教学结束后开展，即复习或自学。

4. 提高体育学习效率

在对学生开展跳远运动教学时，如果体育教师对学生做的每一次跳跃动作进行录制，并予以慢动作处理，再组织学生观看，就可以使学生及时地发现存在的问题并予以纠正。另外，也能够借助计算机的处理作用，预先记录下某些优秀学生完成的操作，再将两者对比，就能够很明显地得出两者之间存在的区别。

5. 提高体育学习兴趣

CAI 具有的形式是新颖的、变化多样的，能够调节学生良好的心理状态，同时还能够有效刺激学生自身的求知欲，从而使学生的体育学习效率得到一定的提升。

综上所述，CAI 能够刺激学生的各种感官，对知识或信息进行最大限度的吸收。将 CAI 运用于高校体育教学，推动高校体育教学软件向多媒体化方向发展，可以让学生的不同心理要求得到较好的满足。目前，我国大部分院校的体育课使用了 CAI 进行辅助教学，CAI 辅助教学已经成为一种重要的教学方式。它可以对信息进行图像编码，同步识别后，保证高校体育教学文件的声图并茂，绘声绘色且清晰，便于理解，便于学生接受。

（二）体育多媒体 CAI 的设计

体育课件的结构主要由两个部分构成，即原理教学模式与训练教学模式，具体如图 7-1 所示。对于体育多媒体 CAI 课件而言，总体的结构组成是高校体育教学内容与高校体育教学目标，其主要目标是使学生掌握体育基础知识和基本技术、技能，使学生的身体素质得到增强，培养学生的良好思想品德，促进观察能力与模仿能力的提高。

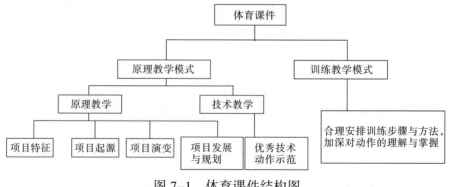

图 7-1　体育课件结构图

（三）体育多媒体 CAI 课件的选择原则

体育多媒体 CAI 课件具有的优势是非常强大的，然而不能对体育多媒体 CAI 课件过分依赖，还应该考虑高校体育教学目标、高校体育教学条件、高校体育教学资源与高校体育教学内容，确保选择最优和精心设计。此外，更重要的是与其他教学媒体密切联系，结合起来灵活运用，才可以真正地做到扬长避短，完整构建更有效的教学系统。

我们要考虑体育多媒体 CAI 课件设计的价值，即这堂课是否要使用课件。如果传统的教学方式能够达成良好的教学效果，就没有必要花费大量的精力去制作体育多媒体 CAI 课件。所以，在确定是否使用体育多媒体 CAI 课件的内容时，如果很难使用语言对高校体育教学过程中的难点与重点进行清晰地表达，在这样的情况下，使用体育多媒体课件的形式就是比较合适的。

之所以这样，主要原因是体育多媒体课件自身具备较为丰富的功能，能够将声音、视频、动画汇集在一起，更贴切地模拟自然、表现自然，或者是在实验条件的支持下，通过局部放大、旋转与重复等多种方式进行展现，从而有效突破高校体育教学的重点与难点。对于模拟训练特别是初级训练的目标而言，更是比较适宜应用多媒体形式。体育多媒体具有比较强大的模拟功能，能够有效实施高校体育教学中的各种模拟技能训练。例如替代一些进展比较困难的危险实验，高校体育教学过程中学生的实际操作周期较长或者代价较高的实验。在选择体育教学内容的时候，应该尽量选择那些不存在演示实验或者是演示实验不容易做的教学内容。

（四）体育多媒体 CAI 课件设计的具体方法

体育教师在开始制作体育多媒体 CAI 课件之前，应该明确课件设计工作的重要性。现阶段，一些体育教师不能够把握体育多媒体课件的精髓所在，只是一味地去追求最新的科学技术，一不小心就改变了体育多媒体课件的性质，这样是不正确的。之所以出现这样的结果，是因为没有明确高校体育教学中体育多媒体课件起到的作用。需要注意的是，在高校体育教学过程中，体育多媒体课件发挥的作用不是主要的，只是辅助性的。在体育课堂教学开展的过程中，教师仍然发挥着主导作用。只有将体育多媒体 CAI 课件的设计工作做好，才能够制作出更多优秀的课件。所以，在设计体育多媒体 CAI 课件时，需要从以下三个方面考虑。

1. 从体育多媒体 CAI 课件的可教性考虑

制作体育多媒体 CAI 课件的主要目的是使体育课堂教学的结构得到优化，让体育课堂教学更加高效，推动体育教师教学，并且还要促进学生的自主学习。所以，在设计体育多媒体 CAI 课件之前，应当优先考虑其存在的教学价值。也就是说，考虑这堂课是不是有必要使用体育多媒体 CAI 课件。通常来讲，如果仅仅使用传统的教学方式就能够使良好的教学效果得以实现，那么花费大量的精力设计体育多媒体 CAI 课件就没有必要。所以，在进行体育多媒体 CAI 课件的内容制作以前，应尽量选择和运用没有演示实验或演示实验不易完成的高校体育教学内容。

2. 从体育多媒体 CAI 课件的易用性考虑

体育多媒体 CAI 课件应该能够清楚地表达出高校体育教学的目标、高校体育教学的步骤与高校体育教学的具体操作方法，同时有一点需要注意的是，即使在同本机脱离的情况下，在其他计算机环境中，体育多媒体 CAI 课件也能够运行成功。因此，需要注意以下四个方面。

（1）体育多媒体 CAI 课件应该便于安装

首先，体育多媒体 CAI 课件应该保证启动比较快速，避免体育教师和学生焦急等待的情况出现。其次，体育多媒体 CAI 课件应该尽可能占据较小的容量，对于体育多媒体 CAI 课件越大越好的错误观念要更正。伴随网络技术的日新月异，体育多媒体 CAI 课件在网络环境下运行是最理想的。

（2）体育多媒体 CAI 课件应该具备友好的操作界面

体育多媒体 CAI 课件的操作界面应该包含一些具有明确意义的按钮和图片，同时要能够通过鼠标进行操作，避免一些特殊的情况如键盘操作等。此外，应该合理设置体育多媒体 CAI 课件各个内容部分间的转移，保证方便地操作跳跃、向前与向后等步骤。

（3）体育多媒体 CAI 课件的运行要保证一定的稳定性

体育多媒体 CAI 课件在运行过程中应该保证一定的稳定性。如果体育教师在执行体育多媒体 CAI 课件时出现错误操作，就十分容易产生退出甚至计算机重新启动的情况。因此，在体育多媒体 CAI 课件具体的操作过程中，体育教师应该尽可能地避免死机的情况，保证体育多媒体 CAI 课件运行过程的稳定性。

（4）体育多媒体 CAI 课件要保证及时进行交互应答

在体育多媒体 CAI 课件运行过程中，应该保证及时交互应答。同时，体育教师应该高度重视学生的"学"，让学生在学习过程中循序渐进地进步，给他们留下较大的思考空间。

3. 从体育多媒体 CAI 课件的艺术性考虑

一个体育多媒体 CAI 课件，在保证良好教学效果的同时，还应该是令人愉悦的，只有这样才能够将美的享受提供给体育教师与学生。如果上述两项因素都能够得到保证，那么就表示这样的体育多媒体 CAI 课件存在较强的艺术性特征，完美地融合了优秀的内容和优美的形式。但是，想要实现这两个目标一点也不容易，体育教师不仅应该具备一定的美术基础，还要具有一定的审美情趣。

体育多媒体 CAI 课件的艺术性特征主要的表现是：具有柔和色彩的操作界面，科学合理的搭配，画面应该与学生的视觉与心理产生共鸣；为了能够将更加逼真的图像呈现出来，可以考虑使用三维（3D）效果；对于画面的流畅性要做出保证，避免停顿、跳跃现象的出现。需要注意的是，体育多媒体 CAI 课件画面中最多只能存在两个运动对象。此外，不仅要有优美的音色，还要以适宜的配音进行辅助。

（五）体育多媒体 CAI 课件创作工具的选择

如果能够恰当地选择体育多媒体课件的创作工具，那么就能够使体育多媒体 CAI 课件的具体实施收获更加理想的效果。在体育多媒体教学课件创作的过程中，要选择体育多媒体创作工具，就要了解其具备的功能。通常来讲，体育多媒体课件创作工具具备的功能有很多。例如为体育多媒体的编程营造良好氛围、多媒体数据管理功能、超文本功能、超媒体功能、对于体育多媒体数据的输入和输出、连接各种各样应用的功能、友好的用户界面、制作和编排动作的功能。

在体育多媒体教学课件创作的过程中，如果体育多媒体的创作工具拥有不同的界面，那么就会存在不同的创作特点与创作风格，同时，每一种工具都会拥有各自不同的优点与缺点。那么，如何选择这些界面不同的创作工具呢？主要依据的是个人的偏爱与需要。如果仅仅是制作学术会议的报告与研究生答辩内容，那么就不需要通过更加复杂的编程软件来完成制作，只需要选择、使用幻灯片创作工具就可以了。但是，如果想要制作某一个领域中的教育教学软件，以便更好地辅助个别化教育训练的开展，或者是在实际操作的练习中使用，那么就应该选择具有较强交互性的多媒体创作工具。对于几种比较常见的多媒体创作工具，进行如下分析。

1. 幻灯式多媒体创作工具

幻灯式多媒体制作工具是一种以线性为主要特征的体育多媒体创作手段。这种创作工具通常由电脑生成一个完整的运动画面或者动画，然后将其播放出来，从而实现动作演示和效果模拟等功能。在运用这种创作工具的时候，通常使用系列幻灯片排列组合方式展示工艺，即按次序分开，显示画面。这种方式虽然能够将运动和视频等元素展现出来，但是对于整体画面来讲是不完整的。因此，需要使用到另一类型的媒体制作工具——交互式电子技术。一般来讲，体育多媒体课件创作的幻灯式多媒体创作工具，在开始使用之前要设置一个完整的展示程序。对于幻灯式多媒体创作工具而言，某些特殊存在能够提供一定程度的交互，再按照一定顺序设置程序。幻灯式多媒体创作工具较典型的是PPT，简便易行、便于学习是它的突出特点。在使用过程当中，通过点击"选择"菜单就能实现对整个作品实施编辑和修改等操作，并在软件环境中完整地创作展示；除了有集成工具、绘画之外，还包含了其他的多种选项。此外，该工具包含的许多模板可以直接调用。但是多媒体创作工具也是存在缺点的，即只存在简单的交互，甚至是缺乏交互，并且交互只能在幻灯片的线性序列的点之间跳转。在学术报告、汇报与演示过程中，幻灯式多媒体创作工具的使用较多。

2. 书页式多媒体创作工具

书页式多媒体创作工具的主要特点是能够将相关的高校体育教学内容制作成一本书的形式，当然也存在"页"，并且这些页像书稿一样，按一定的顺序排列。这一特点同幻灯式多媒体创作工具比较相近，但是两者之间也存在一定的差别，即书页式多媒体创作工具在页与页之间能够有效支持更多的交互形式，给人一种身临其境、浏览真实书稿的感觉。书页式多媒体创作工具的典型是Tool Book，它的窗口可以对每一页的内容进行画面展示，里面有大量的交互信息与媒体对象。可以说，书页式多媒体创作工具与幻灯式多媒体创作工具相比，在结构方面，交互能够在一页内完成，显示出更加丰富的特点。此外，Tool Book还能够在打开某一本书的某一页内容的同时打开其他图书，所以该工具能够建立更加复杂化的层次结构，也就是书架式应用程序。对于此种书架式的应用程序而言，其原理在于将多种多样的事物当作一本书进行放置。

3. 时基模式创作工具

时基模式创作工具是一种常见的多媒体编辑系统，主要将时间作为基础，通过此种编辑创作工具制作的内容近似于卡通片或者电影。时基模式创作工具通常是利用看得见的时间轴来确定显示对象上演的时间段与事件的顺序。在体育教学创新与运动训练研究这样时间关系存在的情况下，它可以有许多频道，从而安排多种对象，将其同时呈现出来。这样的系统中通常会有一个控制面板存在，用来对播放进行控制，主要包含播放、快进、倒带、前进一步、后退一步、停止等功能。

第二节　微课在高校体育教学中的应用

一、微课概述

（一）微课的含义

微课主要指通过视频，将教师在课内和课外教学活动过程中所讲授的教学内容或强调的知识难点和知识重点完整呈现出来的一种新型教学资源。微课具有一些比较显著的特点，即碎片化、突出重点、交互性比较强、能够反复多次使用。微课作为一种全新的教学模式，能够使学生的碎片化学习活动随时随地地开展。

（二）微课的组成

微课组成内容的核心是示例片段，也就是课堂教学视频，还有同某个教学主题相对应的辅助性教学资源。例如素材课件、教学设计、练习测试、教师点评、教学反思和学生反馈等。在一定的呈现方式和组织关系下，它们共同营造了资源单元应用的"小环境"。这里所说的资源单元具有的显著特征是主题式的半结构化单元资源，因此微课同传统单一资源类型的教学资源之间是有一定差异存在的，主要表现在教学设计、教学课例、教学课件与教学反思等方面。同时，微课与上述这些教学资源之间存在一定的联系，即微课作为一种新型的教学资源，其发展基础就是上述这些教学资源。

（三）微课的特点

1. 碎片化

微课视频的时长约为 10 分钟，以清晰的视频记录的形式展示课程教学的具体过程，而一堂传统课堂教学的时间是 45 分钟，原有的段状课程在微课的作用下，逐渐向点状课程转变，使课程内容更加有针对性。因此，学生除了课堂的教学时间以外，还可以利用课外的零散时间学习。比如当学生排队等待就餐的时候，可以利用这一小段时间进行学习，所以微课的显著特点之一就是碎片化。

2. 突出重点

基于学生的学习特点，微课在显著碎片化特点的影响下，对教师的教学能力也提出了更高的要求。在微课视频的 10 分钟展示时间内，教师不仅要体现严谨的逻辑性，还要重点突出教学内容的知识亮点和知识重点，明白学生学习的重点和难点，才能够更好地激发学生的学习兴趣。

3. 较强的师生交互性

微课作为一种新鲜的课堂形式，可以满足学生对知识的渴求与猎奇心理。微课教学的进程增进了师生间的交流、沟通和互动，同时实时搜集学生在课程学习中不同的兴趣点。对于学生存在的疑问，教师能够及时进行回答，这无疑会为教师课程后期的设计提供便利条件，使其满足现阶段学生的知识渴求，进一步提升课程的教学效果。

4. 能够反复多次使用

在微课的模式下，学生能够基于自身的实际需要，随时随地展开体育学习活动。例如在课程开始之前，学生可以通过微课来预习运动技能、巩固难点和重点、练习课后的动作等。上述这些微课学习途径，在进一步提升教学效果的问题上能够发挥出有效的促进作用。此外，使用微课教学模式，还可以使学生学习的积极性得到增强。

（四）微课的应用原则

1.“以微为首”原则

我们都知道，微课最为显著的特点是“微”。因此，在微课设计过程当中，应该思考“以微为首”的方针和原则。“以微为首”原则主要表现在以下三点。

第一，选题的范围不应该太大，即所选微课内容应该尽可能地精简，但是一定要把某个学习内容完整地表现出来，它需要教师提炼知识点，同时划分所述内容模块，在知识细化的时候也要确保内容完整。微课主题要全，即所有教学任务都应该包含于其中，不能因为学生不懂导致教师无法讲解或者没有讲好，也不要让学生觉得微课只是一种形式。

第二，微课的时间应该短一些，可以满足视觉暂留时间短的特点，让学生在集中注意力的情况下顺利完成学习。教师应该注重教学设计，让学生从整体角度理解教学内容，并利用这些教学资源来提高教学质量。

第三，资源的存储量应该较小，满足在移动设备中在线播放的需求，便于学生下载与储存。

2.“学生为主”原则

微课归根到底是为了广大学生而诞生和存在的，衡量微课效果好坏的终极标准是学生学习的效果如何。微课是一种以短小、精练为特点的教学模式，可以让学生通过短暂的课堂时间获得更多的学习资源和信息，从而达到更好的学习效果。因此，微课设计的各个环节都应以学生为主。在微课设计时应该根据教学目标、教学内容以及课程特点等多方面因素确定具体的教学策略。微课设计的初期，应分析学生的特点，充分认识和了解学生的不同情况，同时在课堂上注意教师与学生之间的互动，从而激发和调动学生学习的浓厚兴趣，维持学生的学习动机。

教师在设计课程时要充分考虑不同层次、不同水平学生的特点和实际情况；设计过程中，应时刻考虑学生是学习的主要对象，站在学生立场上设计教学；通过对微课目标、内容和形式等方面的设计，让学生真正参与课堂学习。微课设计与实施后，要根据学生的学习效果，对微课应用效果进行合理的评估。只有对微课教学效果全面分析后，才能制定出适合本校学生的最佳教学模式。由此可知，"以学生为主"的原则渗透在微课设计和运用的全过程中，教师只有充分尊重学生的主体性和创造性，才能使学生真正成为课堂的主人。因此，高校微课从某种程度上来说就是要充分激发学生主动学习的热情，以达到更好的学习效果。

3. "交互为重"原则

在应用微课学习的过程当中，除了有师生之间的互动和交互之外，也有学生和学习资源之间的互动。教师可以通过微课促进学习方式变革，提升课堂的教学质量。就微课设计而言，应突出学生自主学习的要求，学生和学习资源之间的互动变得更加重要。传统的教学是以教师为中心，现在的课堂则需要学生积极参与课堂教学，这就要求学生和学习资源之间相互交流、相互合作。所以，设计微课时，一方面要注意学生和学习环境之间的相互促进，另一方面也要关注学生和学习资源之间的相互作用。建构主义理论对"情境""协作""会话"等概念非常强调和注重，原因在于"情境"能够促使学生产生更加有意义的学习，使学生由被动的知识接受者变为主动的获取者；"协作"与"会话"能够促进学生之间的交互，通过与其他学生的交流，学生的学习方式逐渐向启发式学习、探究式学习转变，从而激发和调动学生学习的浓厚兴趣。

在高校微课设计中，学生是主要的学习对象，其思想比较成熟，学习方式逐渐向探究式、讨论式和启发式的学习方向转变，所以他们可以和学习资源更好地互动，并且独立完成意义建构。在微课的设计中，要坚持"把交互放在第一位"的重要原则，着重强调交互性设计。

4. "创新为核心"原则

21世纪的教育理念强调教育教学的核心着眼于学生可持续学习和发展能力的培养，从而为终身学习奠定重要基础。因此，在现代课堂教学中，教师要重视对学生自主探究能力的培养。同样，微课的设计也应注重提高学生发现问题、提出问题、分析问题和解决问题的能力，并开发具有创新性的学习资源。^① 在现代社会，人们的生活与科技紧密相连，科学技术又不断促进社会的进步和发展。在信息技术飞速发展的背景下，技术革新对创新思维的要求逐渐提高，在这种情况下，将信息技术与课堂教学有机结合成为一种趋势。微课就是运用信息技术开展教学活动，怎么适当、灵活和充分地运用信息技术手段，对于微课的运用尤为重要。因此，技术创新的运用是微课达到核心教学目的的必要手段。

微课不仅能够促进课堂教学效果的提升，还能更好地激发学习者的自主学习积极性，使其成为课堂主体之一。在设计微课的时候，教师要充分利用正在兴起的信息技术，以及在现有教学资源与教学内容基础上，创建适合自己的新型教学资源，同时要结合当前学生群体的特点，将微课与学生的实际学习情况相结合。当代大学生作为信息时代新技术、新媒体的主要传播者，既擅长掌握和应用各种最新信息技术，又具备一定的信息技术应用能力。因此，高校微课设计应着眼于创新，将其作为核心开展工作。

二、微课在体育教学中的应用

（一）微课应用在学生体育需求调研中

鉴于高校体育教学传统模式同高校体育教学内容间存在的关联，在高校体育教学实践活动正式开始前，体育教师要根据课程逻辑，重点突出和强调高校体育教学内容的难点和重点，同时应该同现阶段体育栏目与体育热点新闻相结合，制作体育微课。已制作好的体育微课，还可以有效借助移动互联网渠道在校内广泛传播。体育教师通过考查学生微课点击率和同帖评论内容，可以对体育课程内容的合理性进行科学评价，确保对学生的兴趣和期望有更深层次的认识。除此之外，前期宣传体育微课，可以激发学生体育学习的积极性和主动性，让学生对将要学的新内容有更多的憧憬，从而让学生由以前的被动学习行为变为主动学习行为，继而促进学生参与体育活动，最终实现让学生体育参与度快速提升的目的。

---

① 陈先荣.创新型人才培养必须从基础教育抓起：对课程目标新增"发现和提出问题的能力"的认识 [J]. 中小学教师培训，2012（8）：39-41.

（二）微课应用在体育课程设计中

体育微课不仅补充了传统的高校体育教学模式，也是多媒体时代下高校体育教学发展的必然结果。微课的出现，使得原本的体育课程设计得到了重新定义。在高校体育教学开展的后期阶段，对以往室内体育理论课与室外实践课分开开展的体育课程设计加以改变，将两者融合，同时考虑到多媒体时代大数据的时代特征，设计室内理论课时应以师生之间的信息数据交流为重点，在体育课程中开展头脑风暴，呈现出更加公平、更加自由的体育课程。此外，在这样的形势下，体育教师的教学思维能够得到进一步更新，提升学生体育学习的热情。

（三）微课应用在体育课程教学中

一方面，基于体育时事热点与体育课程的新内容等方面，体育教师能够设计新颖的体育课，并向微课导入；在体育课堂教学开展的过程中，有序组织学生集体观看相关视频，引起学生注意，激发其对体育学习的强烈兴趣，使学生对所学内容有一个全面了解和认识，从而提升教学效果。另一方面，高校体育教师在教学实践活动过程当中，能把难度较大、速度较快的复杂动作制作成微课，在体育课堂教学中反复给学生播放，从而呈现出更加形象、直观、具体和生动的高校体育教学过程。

（四）微课应用在体育课后辅导中

对于高校体育教学而言，每一节体育课课堂教学的时间是 45 分钟，有限的教学时间，使教师不能面面俱到地讲授内容，想要实现精细化教学几乎是不可能的，所以必定会出现一部分学生不能与教学节奏同步或者不能对其所学运动技能充分掌握的情况。所以，当体育课堂教学结束以后，教师可以向学生发放包含高校体育教学重点的微课视频，以便于学生在课堂结束以后练习已经学习的技术动作，复习课堂上所学内容，切实做到温故知新，提升学生的学习效果。

（五）微课应用在体育课程分享中

就其本质而言，分享是一个学习的过程。学生喜欢把一些优秀视频课程分享到朋友圈，感染周围的朋友和同学，让学生学习圈子得到进一步拓宽。所以，要努力构建学习共同体，确保成员相互督促，共享体育学习的有用信息。例如在体育舞蹈教学的过程当中运用微课，学生能够分享已学过的、更感兴趣的体育舞蹈课，让更多喜欢体育舞蹈的学生在学习过程中及时获得和共享学习资源；此外也能自发地组织校园里其他有相同爱好的学生，合理安排学生共同学习和研究体育舞蹈微课，推动体育舞蹈社团进一步发展，有效安排社团活动，让学生的日常生活更加丰富精彩。

第三节　慕课在高校体育教学中的应用

一、慕课的授课形式

慕课是一种将在世界各地分布的学习者与授课者通过某一个共同的主体或者话题而联系在一起的在线课堂。

绝大部分慕课的授课形式采用每周话题研讨的方式，并且只将大体的时间表提供给授课者与学习者。但是一般来讲，慕课课程不会对学习者提出特殊的要求，其课程的结构比较有限，进行说明的内容也比较简单。例如阅读建议、每一周进行一次的问题研讨等。

二、慕课教学的基本特征

（一）规模性特征

1. 众多的慕课学习者

慕课是一个大型的开放式课程，主要是通过网络在线视频传授和教授学生知识。因此，慕课的受众量是非常大的。

2. 拥有一大批知名高校及优质教学资源

全球有数百所名牌高校和院校加入慕课平台，将所有优质课程资源无偿分享给平台中的学习者。

3. 慕课教学者较多

慕课开发是一个系统工程，涉及技术、市场和管理等诸多因素。慕课的开发与创作包括制作全套课程视频，上传至终端并及时答疑，安排学生参加谈话。

（二）网络性特征

慕课具有网络性特征，主要表现在以下三个方面。

1. 借助网络开展讲座与讲解

在审查慕课内容后，慕课开设者可以不受时间和空间的限制，把课程完整地上传至指定慕课平台，为学习者提供免费、无障碍的参考学习平台，为学生提供一个开放、共享的教育环境。

2. 线上多种学习模式并存

如自由学习与讨论学习等，学生可自由选择合适的学习方式。教师可以根据不同的需求发布一些个性化的教学信息帮助学生实现自主学习。

3. 记录、分析学习情况

慕课系统根据学生的浏览痕迹，记录并分析学生的日常学习行为，管理者可以依据这些记录掌握学生学习的实际状况，进而规范课程的设置和调节，为学生提供更加优质的学习资源。

（三）开放性特征

1. 向学习对象开放

开放性是基于互联网技术发展起来的新型教育形态，能够突破时间、空间及地域等方面的障碍，实现不同地区甚至全球范围内教育资源的共享。学生不受时间、地域等限制，可在任何时间、任何地点在线学习。同时，慕课平台能提供丰富多样化的资源供教师自由选择，并允许他们根据需要随时发布或订阅信息，以帮助学生实现个性化学习目标。

2. 教学形式的开放

教学形式的开放给学生提供了更多选择，同时为教师开展教学活动带来便利。慕课平台为学生提供了多种社交学习软件，供学生学习讨论时作为参考及创造并分享某些对学习有用的信息。慕课可以使教师有机会了解学生的不同需求，并及时调整教学策略和方法。

3. 课程与学习资料是开放的

慕课平台有着非常丰富的教学资源，学生获得资源的途径相对较快捷，并可以随着课堂需要以及教学环境等因素的改变作出相应的改变，便于进一步扩展和修改。慕课作为一种新兴的教学模式，具有开放性和交互性特点，其内容涵盖整个学科领域；在线课程良好的交互性有利于促进师生间的互动交流，提高课堂教学效果。

三、慕课教学的优势

（一）实现体育国际化和大众化

慕课具有开放性、大规模性和优质资源易获得性的特点，由此使全世界最优秀的精品课程遍布全球。教师可以为每一位学生提供个性化定制的学习计划，并制订相应的教学计划，使其能够更好地完成学习任务。同时，慕课可以分享优质体育资源，缩小不同国家体育教育水平之间的差距。慕课为教师提供了一个全新的教学平台，它以丰富的内容、便捷的途径以及良好的效果受到越来越多国家的关注，并在国际上产生很大影响。通过借鉴中外众多的优秀体育课程资源，慕课能让体育专业的学生深入了解并掌握体育课程的最新资源，了解与掌握体育方面的最新知识。从某种意义上来说，这是进一步增强国民体育锻炼观念和意识、提高觉悟、加快推进我国向体育强国跨越的新途径。

（二）培养终身体育意识和锻炼习惯

终身体育教学理念是符合人体自身发展规律的，同时与现代社会发展的实际要求相符合，学校体育为终身体育服务。作为基础，它可以使人获得体育知识、体育技能，培养和发展兴趣、爱好，养成良好的锻炼习惯，从而在潜移默化中培养和发展体育自我意识，体育慕课恰好能给终身体育以切实的保证。在互联网的大环境下，学生能够借助体育慕课随时随地学习，并且不受人群、年龄等因素的限制，让体育时刻在身边，这也是持续终身体育培养、锻炼习惯养成的保证。

（三）为体育教学改革提供了有利环境

慕课给高校体育教学改革带来了诸多便利，教学内容通过先进的科学技术，灵活地按照碎片化教学分块，让学生在课前、课上以及课后随时地观看。教学场地同样不受时空的限制，只要有网络，在任何场地都能够进行课前预习，课上对无法解决的问题进行研究和探讨，课后作业检查，让教学构成一个有效闭环。这种新型教学方式一方面将知识与技能融为一体，以问题为主线展开教学活动，通过师生互动交流完成教与学的任务，实现自主学习，提高教学质量；另一方面使教师的教学地位发生变化，使学生由被动学习转变为主动学习，教师由满堂灌式的教学转变为对学生学习的正确引导与指导，碎片化的处理也让学生在学习的时候变得更加轻松，更加有效率，从而迅速掌握教学内容。另外，及时的教学反馈能够让教师迅速调整自己，进而为我国现代高校体育教学的深入改革与全方位发展带来新的生机和活力。

四、慕课在体育教学中的应用

（一）体育教学中慕课的价值分析

自慕课引入我国以来，已经过了很长一段时间，许多学校开始尝试此种新式的教学方法。实际上，慕课的教学方式在高校体育教学方面也是非常适用的。

随着网络的日渐发达，每一天人们都可以上网，网络在现代人的生活中的作用越来越重要。慕课就是利用现状，在学习开展的过程中充分利用网络条件。除此之外，作为一种学习方式，慕课还具备一定的主动性特征，任何人的监督与强迫都不会对其发生作用，使用者按照自己的个人兴趣爱好，可以选择、学习喜欢的运动。同时，慕课所拥有的资源范围是非常广泛的，在高校体育教学开展过程中应用慕课，教师和学生可以实现对国外高校体育教学资源的分享与使用。

现阶段，学校体育课的开展形式主要是体育教师授课，学生接受学习。也就是说，在高校体育课堂教学中，教师先讲解、示范，然后学生再进行练习。

当体育课堂教学结束以后，学生在课后就能够自行复习。体育慕课视频包含真人操作与讲解，能够帮助学生对白天学习的动作进行复习与记忆。尽管高校体育教学时间长达一个半小时，学生拥有足够的时间学习、练习体育运动技术，但是他们只能修习一门体育课，每一个学期所要学习的内容基本是相同的，并且学生之间会存在差异，一部分学生并不擅长深入学习、练习。

而在高校体育教学中应用慕课的教学方式，不仅能够保证学生深入学习活动的开展，还有利于学生自己掌握学习进度。同时，慕课中的学习资源是非常丰富的，有利于学生寻找到适合自己的运动方式。例如对于一部分学生而言，剧烈的运动可能不适合他们，因此，他们能够在慕课中选择比较适合自己的运动。如此一来，不仅能够避免损伤自己身体的情况发生，还能够使体育锻炼的目的顺利实现。

实际上，如今许多家长也比较重视学生的体育锻炼。为了保证孩子的健康成长，家长喜欢带着孩子进行散步、晨练等体育锻炼活动。然而，如果人们不能应用健康的方式开展体育锻炼的话，那么在浪费了体育锻炼时间的同时，还会在一定程度上损害身体健康。如果在高校体育教学中应用慕课的方式，在体育锻炼的过程中，参考标准的动作完成体育锻炼，就像是一个专业的私人教练陪在自己身边，并对体育锻炼活动进行正确的指导。

（二）体育教学中慕课的未来发展

慕课的教学方式来源于国外，在我国高校才刚刚起步，而且有一些内容对于我国高校而言是不适用的，要经过一定时间的磨合才能够同我国的教学理念相适应。

基于这样的形势，我国大部分高校应该按照自己学校的特点自行录制慕课视频。在录制慕课视频的时候，可以多个学校的教师共同参与录制、讨论，然后在多个优秀的视频之间进行选择，并且上传到网上，方便学生进行观看、下载、学习。由于不同教师在讲课的风格与方式上存在不同，而教师录制的慕课中包含多个教师的教学课程，因此学生能够选择最适合自己的教师。此外，这样的方式能够避免大课参与人数多的情况，能够有效改善学生听课效果不佳的情况。将慕课应用在高校体育教学中，能够使小班教学的目的得以实现。同时，同一学科由多个教师进行录制，更容易形成比较与竞争，使高校体育教学质量得到提高。因为慕课在高校体育教学中的应用以网上教学为主，因此对学生的自主学习能力提出了较高的要求。在高校体育教学考核的问题上，可以不再使用计算机考核的方式，体育教师组织学生开展网络学习以后，再安排传统方式的考试即可。这样可以有效避免学生通过计算机检测进行作弊的情况。此外，还能检测学生通过慕课进行学习的效果。

教师与学生之间应该定期交流，不仅能够使教师和学生之间的感情得到增进，还能够对学生的学习提供一定的帮助。尽管我国的慕课应用还处于初始发展阶段，然而在现代网络发展的背景下，慕课的发展是一种必然趋势。将慕课应用到高校体育教学中，能够给教师未来教学的开展带来一定的启示。需要注意的是，在使用慕课方式开展高校体育教学的时候，还应该同国内高校的体育教学情况相结合。

例如在篮球运动课堂教学开展的过程中，不仅要对手指上的动作进行教学，还要对脚上的动作进行教学，更重要的是要将两者的教学活动紧密地联系在一起。因此，在制作相关慕课的时候，不仅要对这些动作进行分解，还要有一个规范的整体动作，便于学生学习。如果想要对一个体育慕课的完整体系进行构建，就需要具备相关的慕课教程。一般来讲，由国外引入的教学资源通常是外语，存在大量的体育专业名词，容易导致学生在理解上出现困难。面对这样的情况，在制作慕课的时候，可以聘请我国国内优秀的体育教师，结合具体的教学情况加以制作。此外，针对慕课制作的情况，还要设定一定的标准。如果慕课没有达到标准，就不能够投入使用，这对于慕课的进步与发展是非常重要的。

第四节　翻转课堂教学法在高校体育教学中的应用

一、翻转课堂概述

（一）翻转课堂的含义

翻转课堂一般指对课堂内和课堂外的时间进行重新调整和安排，就其本质而言是学习决定权已经不在教师手中，而是让学生在学习中把握主动权。教师在课堂上运用翻转课堂教学模式时，学生能够在课堂有限的时间内更专注地开展学习活动。对于全球化的挑战、本地化的挑战、现实世界中存在的问题，教师与学生一起研究、解决，使其获得的理解更加深入。

教师在课堂对学生进行教学的时候，虽然不用再耗费过多的课堂时间专门为学生讲授相关的知识，但是在课堂教学结束以后，学生需要自主地完成对这些信息的学习，他们可以利用的方法有听播客、看视频讲座、对功能强大的电子书进行阅读，或者是通过网络与其他同学讨论。

综上所述，在翻转课堂教学模式应用过程中，不管什么时候，学生都需要查阅自己所需的材料。

此外，教师同每一个学生进行交流的时间也增加了。当课堂教学结束以后，学生就能够自主地规划学习节奏、学习内容、学习风格与知识呈现的方式。同时，学生的学习需要教师对讲授法与协作法的使用才能够得到满足，使学生实现个性化的学习，最终的目的是通过实践活动保证学生学习活动的真实性。

（二）翻转课堂的本质内涵

站在宏观的角度看翻转课堂的实质，先进的信息技术是翻转课堂的基础和前提，在信息技术的支持下，引发了学校教育模式的全面转型。翻转课堂作为一种新型教学模式，将"教"与"学"分离开来，使学习者能够根据自身需要自主选择知识内容和学习方式，从而提高学习效果。翻转课堂的关键在于师生间的关系、地位与角色等发生了本质性的改变——它改变了教学中以教师为主的模式，使之成为以学生为主的模式；教学流程变为课前线上学习，课堂上面对面沟通、合作的方式；借助上课之前获取的知识，以及课堂上知识的内化，对知识的难度进行有效分解，相应增加知识内化的次数，促进和帮助学生对知识进行有意义的建构，最终达到掌握知识的终极目标。翻转课堂使师生角色发生了根本性改变，借助翻转课堂的教学，学校与教师从重视课堂教学内容，逐渐向重视学生整个学习活动转变。

（三）翻转课堂的优势分析

1.有助于个性化学习和因材施教

学生在翻转课堂中，无论是在课前，还是在课中与课后，均可以根据自己学习的实际情况，制订好适合自己的学习计划和步调，既不用追赶学习步调快的学生，又不用等待学习步调比较慢的学生，真正做到分层次学习。翻转课堂的出现使"教"与"学"发生了改变，学生在学习中遇到困难，或者对某些问题有疑问的时候，可以得到专门的正确引导。同时，教师在教学中也可针对不同的学生安排不同的作业，真正实现学习个性化、培优补差以及因材施教。

2.有助于素质教育的推进

我国当前正在实施的素质教育，其根本宗旨是让学生的基本素质得到全方位的有效提升与发展，充分尊重学生个性，重视自学，重视对创造能力的培养，通过对课前预习环节、课堂教学环节及课后作业设计环节等方面进行改革创新，使每一位学生都成为教学主体。学生按照各自的节奏学习，可以随时得到个性化的正确指导，学生主体地位得到了充分体现。因此，在教学中，教师应该积极引导学生进行自主学习和合作学习。通常情况下，课堂以学生的协作探究、自主探究等活动为主，借此培养与发展学生自学、探究与创造的能力。翻转课堂在让教学内容得到不断丰富的同时，也让知识量得到进一步增加，开阔了学生的眼界，在培养学生综合素质方面效果显著。

3.有助于教学相长

教师在翻转课堂中，一方面，要合理安排和策划，使学生产生学习兴趣；另一方面，教师不仅要为学生录制微视频，还要为学生提供学习资料，对学生进行有针对性的合理辅导、深度剖析学习对象等。这些都要求教师具备相应的能力和素质，所以翻转课堂教学形式对教师的技能提出了挑战。另外，翻转课堂还有助于教学相长，促进教师的发展和进步。

二、体育翻转课堂的实施策略

（一）做好虚拟教学平台建设

构建在线虚拟教学平台，主要是为了给翻转课堂的顺利实施创造一个前提，奠定一个基础。该平台主要由多个模块组成，如在线测试和评价模块、教学内容上传模块等。体育教师借助翻转课堂，便可将高校体育教学材料，如PPT、微视频等完整地上传至在线虚拟教学平台，另外也可在该平台的帮助下，实现在线测验、在线沟通等；学生能借助该平台下载自己需要的学习材料，或者在线学习，并且与体育教师进行及时的沟通和交流。

（二）注重评价机制的创新

在翻转课堂教学模式中，高校体育教学评价不应局限于纸笔测验，不然实施翻转课堂将流于表面。教师在使用这一平台时，首先要选择合适的课程资源，其次还要对所需工具及软件进行充分了解。在翻转课堂模式下，应以"以评促学"和"以评促教"为评价主旨，并且以学生进步程度为主要考核指标，重视多元化评价的灵活应用，唯有如此评价，才会更加有针对性和全面性。要实现对翻转课堂教学模式下高校体育教学质量的有效评估，就要构建以过程性与终结性为核心的多元评价体系。多元化评价体现在多个方面（如评价内容、评价主体等），应始终围绕推动教师的教与学生的学，以提升教学实效作为最终的评价主旨。

（三）注重提高体育教师的综合素养

翻转课堂是信息化社会发展到一定阶段的产物，既是一种高级教学理念，也是一种高级教学方法。因此，对体育教师综合素养有更高要求。体育教师一方面是网上构建虚拟教学平台的设计者与使用者，也是学习资源的上传者与开发者；另一方面，还肩负着引导学生进行自主学习并促进其全面发展的重要任务，是学生学习和练习的组织者和引导者，也是评价学生学习成果的设计者和评价者。

第八章

高校体育教学的创新研究

第一节　高校体育教学创新的原则及路径

一、高校体育教学创新应遵循的原则

（一）主体性与超越性原则

体育教学创新的实质是把个体的地位、潜能、利益、发展置于核心地位，发扬人的主体性，其职能是最大限度地激发学生的积极性、主动性和创造性，摒弃教学方法单一、教学模式固定、管理方式死板的"一统化"的教育方式，使学生在教育教学活动中表现出高度的自主性、主动性和创造性。体育课堂的主导活动是以学生为主，教师的教只作为一种辅助形式，融于学生的各项活动之中。在发挥主体性作用当中，还应摒弃传统教育机械单向的"适应论"，走向"超越论"，创造出不以"重复过去"为己任，而是在人文本质上真正超越前人的一代"新人"。换言之，就是在教师的引导下，学生主动参与体育课堂教学，使之由过去体育课堂单纯听口令的被动接受者变为主动受益者，成为体育课堂教学的主体。

（二）民主性与独创性原则

教师和学生对于知识、价值及其评价有着平等的发言权，因而在教学活动中是一种平等关系。这一平等关系必须建立在一种民主宽松的教学氛围（如师生关系、教学环境、学生自由发展等）的基础之上。这样不仅能充分发挥学生的创造性思维和想象力，也有利于学生个性的发展。因为个

人作为教育主体不仅具有主体共同的特性，还具有独特性和差异性。

民主平等的师生关系和生生关系、民主和谐的教学氛围使得师生间能够互相接受、互相适应、互相理解、互相尊重。

（三）全面性与发展性原则

创新教育是综合素质的教育，它涉及人格、智能、知识技能培养等诸多方面，其实质是培养人的自由全面发展。相对于应试教育而言，创新教育是一种注重完善学生健全人格的教育。作为体育教学来讲，一方面不仅要注重德、智、体、美、劳在学生身心发展中的有机渗透，培养其崇高坚定的人生信念、坚韧不拔的奋斗志向、纯洁优秀的道德品质、超凡脱俗的审美理想、宽广渊博的文化素养和敏捷灵巧的生活技能；另一方面更要注重培养学生从事未来创造工作所必备的独特精神品质，如坚持探索、不随大流的独立人格，标新立异、破除陈规的批判精神，不拘陈见、富于变通的灵活态度，博采众长、吸纳百川而又独树一帜的宽广胸襟等。因而，体育教学创新更是全面性和发展性特征的完美体现，其宗旨就是实现学生认知和个性的全面协调发展。

（四）启发性与互动性原则

体育教学中学生创造性思维的激发和培养是建筑"创新"大厦的基础之一。通过体育教学，对学生施以积极的教育和影响，为使他们最终作为一个独立的个体能够学会并善于发现和认识有意义的新知识、新事物、新方法，掌握其中蕴含的基本规律并具备相应的能力打下稳固的基础。但创造性活动并不是单方面的，而是师生间的一种互动，只有这样才能相互启发、相互激励、相互帮助，才能激发思维，形成创造性想象。而互动性在体育课堂中表现得最为明显，只有师生积极配合，才能发挥最佳的体育教学作用，才能使学生在互动过程中形成自己的知识结构、能力结构和人格结构，展示自己的独特性和创造性，培养积极参与体育活动的能力和态度。

二、高校体育教学创新的路径

（一）转变教育观念、更新教育思想是体育教学创新的前提

要从传授、继承已有知识为中心的传统教育，转变为以学习者为中心，着重培养学生创新精神的现代教育，教师要认识到"授人以鱼，不如授人以渔"的道理，努力形成以主动参与、积极探索、主动思考、主动创造为基本学习方式的新型教学过程；要坚持教育的成功导向和正面鼓励，鼓励冒尖，允许"落后"，不求全责备，充分发挥学生的个性；认清创新教育的核心是教为主导、学为主体，整个教学过程是在教师的引导下，充分发挥学生的主体性，引导学生主动学习、创造性学习。在创新教育中，教师应重视调动学生的主动性和创造性，开发学生的智力，促使学生由"要我学"转变为"我要学"，从而迸发出极大的学习热情，并能够处于主动学习的最佳状态，为培养自身的创新能力打下基础。

（二）建立民主师生关系，创造学生创造性思维的氛围是体育教学创新的基础

有学者认为宽松、自主的学习环境是培养学生创新能力的一个重要条件。教师凡欲促进学生的创新力，就必须在班上倡导一种合作、社会一体的作风，这也有利于集体创新力的发挥。实践证明，在专断的师生关系中，教学氛围沉闷，学生精神抑郁，学习非常被动。而在民主的师生关系中，学生会对教师产生信赖感、亲切感，从而形成有益于课堂教学的亲和力。教学氛围活跃，学生精神振奋，心情愉快，学习积极主动，有利于激发创造性思维。因此，在体育教学中，教师要尊重学生的人格和权利，与学生建立民主平等的师生关系，形成健康、美好、愉快的气氛，使学生在和谐、融洽、宽松的环境下学习锻炼，教师还可以不失时机地对学生在教学过程中显现出来的审美意向和创造性进行形成性和激励性评价，加以鼓励赞扬，使学生获得心理满足，激发其学习的积极主动性。总之，体育教学必须走"民主化"的道路，师生之间应该建立合作、开放、真诚、平等、共融的密切关系。

（三）创建以学生为主体的新型教学模式和教学方法是体育教学创新的主要内容

第一，在教学模式中，应把体育教学和创造活动有机结合起来，切实做到四点。一是摒弃传统的教师教、学生练的模式，引导学生积极地介入教学活动之中，鼓励学生提出新方法、创造新游戏。坚持标准的统一性和运动项目及运动方法的灵活性和多样性，充分发挥学生的潜能、特质和独特性。二是教师和学生都以研究的态度对待体育锻炼的学与练，针对学生身体素质的特点，选择合适的锻炼项目、方法和评价标准。鼓励学生提出新见解、创造新练法、形成新游戏。三是在竞赛活动中，鼓励学生自己提出训练方案和比赛策略。四是在体育游戏中不仅要注重学生的身体素质培养，还要注重学生智力因素、情感因素和创新精神的培养。

第二，在教学方法上，教师应针对学生身体素质的特点，选择合适的锻炼项目、方法和评价标准，鼓励学生提出新理解、创造新练法、形成新游戏。要随时诱导学生进行独立思考，鼓励学生提问题，即使提一些"离奇古怪"的问题也无妨。应鼓励学生大胆发言，对教师的某些观点提出疑问。教师的确有不如学生的地方，只因"闻道在先"才多了许多经验和方法。回答不出学生的提问，教师要敢于说让我"想一想""查一查"，要敢于正视自己的不足，努力防错和纠错。

（四）提高体育教师的综合素质是体育教学创新的关键

创新教育在对教师的要求上，不再满足于"传道、授业、解惑"的传统功能和作用，而是要求教师能在学生创新教育的过程中发挥引导和示范作用，即教育者能以自身的创新意识、思维以及能力等因素去感染、带动受教育者创新力的形成和发展。在某种意义上可以说，只有创新型的教师才能实施创新教育，才能培养出创新型的学生。因此，教师自身必须具备较强的创新意识和较强的创新能力。只有这样，教师才能从自己的创新实践中发现创新能力形成发展的规律，为创新教育提供最直接、最深刻的体验。最终在教学过程中，自觉地将知识传授与创新思维结合起来，发现学生的创新潜能，捕捉学生创新思维的闪光点，多层次、多角度地培养学生的创新精神和创新能力。因此，要实现体育教学的创新，教师必须具备以下三个方面的能力。

第一，具备深厚的文化功底和扎实的教学基本功。创新教育中要求有丰富多彩的体育课程项目，学生可自行选择适合自己的学习项目，这对于教师来讲无疑是一种无形的压力。因为教学内容的不同必然会带来教学方法、教学方式的变化，这就要求教师不仅要具备深厚的文化知识、艺术素养和丰富的综合运用知识的能力，还要具备扎实的专业教学基本功。要能够将其他学科知识、日常生活技能有机地结合在体育教学中，起到触类旁通的作用。通过教学艺术的积极引导，培养学生学会自主学习和综合运用知识的能力。

第二，具备驾驭教学情境发展走向、调控教学进程的能力。教师在创设情境教学时，首先，要把握好主题与学生情感产生的临界点，找出适合相应年龄学生情感的情境，这样就能在较短的时间内激发学生的情感；其次，应具备较强的教学组织调控能力，即在课堂教学中起到组织、引导、控制以及解答作用，要改变"一言堂""满堂灌"的弊病，形成以学生为中心的生动活泼的学习局面，这样容易激发学生的创新激情。这就要求教师一方面在组织教学中要有敏锐的观察判断和处理问题的能力（由于体育教学空间范围大、学生的兴奋程度较高，因此准确地预见和判断教学走向，对于控制好主题式情境教学有着极其关键的作用）；另一方面要有较强的语言表达能力，教师的语言表达艺术既能激发学生情感的产生，又能在公正、公平、富有激励性的评价下，推动学生积极锻炼。

第三，具备积极的创新意识和创新能力。体育教学的创新要求教师必须突破传统教学模式条条框框的束缚，不断地运用创造性思维进行探索，善于吸收其他学科的新思想、新方法，通过自己的"认识—实践—再认识—再实践"的过程，形成具有自身特色的现代体育教学方法。因此，这就要求教师必须具备积极的创新意识和创新能力，并具有四个特点。一是敏感性，即善于接受新事物，发现新问题。二是灵活性，即具有较强的应变能力和适应性，具有灵活改变方向的能力。三是独创性，即具有产生新的非凡思想的能力。四是洞察力，即能够通过事物表面现象把握其内在含义和本质特性的能力。

第二节　构建高校体育教学创新体系

一、教学思想创新

建立面向未来的"求知创新"和"健康第一"的教学思想，主要体现在两个方面：一是掌握过去和现在的体育知识技能是为了更好地探索未知的体育；二是掌握未来终身体育和健康的知识与技能。长期以来，高校体育教学存在的最大弊端就是为了"过去"而教而考，其重心过于局限。如果掌握过去的知识仅仅是为了解决过去和眼前的问题，而不是面向学生未来终身体育的需求，那么，学习的体育知识和技能将失去应有的意义，这显然对学生解决未来体育的新问题十分不利。当然，学生掌握过去的体育知识技能有利于求新，但目前高校体育教学没有把更多具有创新性的体育教学内容纳入课堂之中，更缺少引导学生创新的教学方法。其实，"求知创新"的教学思想在中国早已有之。从古代孔子的"温故知新"，到现代教育家陶行知"发前人所未发，明今人所未明"的教育思想，皆是"习旧求新"的教育思想。因此，为培养学生的体育创新能力，贯彻素质教育和终身体育思想，建立为增进学生现实与未来的健康而教的"求知创新"和"健康第一"的体育教学思想，把体育与健康教育的知识与技能的过去、现代和未来融为一体，并使其重心向未来转移显得十分必要。同时，这也是高等教育面向未来的改革思想与学校体育"坚持健康第一"思想的统一。其中，高校体育从以增强体质为中心向以健身为中心转移，这其实是把健康教育与身体教育（体育）有机结合在一起的表现，也是增强体质与增进健康的统一。

二、教学内容体系创新

（一）重视体育与健康教育相结合

现代体育教学已从传统的以运动技术为中心的传习式转向以增强体质为中心的新方式。体育从生物学角度增强体质，在劳动力密集的重体力劳动时代是十分可取的。但是，在未来劳动强度日趋降低的知识经济时代，它对于全面增进健康的作用却极为有限。世界卫生组织认为，健康是人的生理、心理、社会关系三者达到圆满的状态。大学生的健康是未来社会发展的需要，这也符合全国教育工作会议提出的"学校教育要树立健康第一的指导思想"。这就需要我们把身体教育与健康教育结合起来，构建新的体育教学体系。在这个新的体系中，身体教育是以增强体质和增进健康为目的的教育。体育未来是指人们根据未来社会和教育发展的变化，在体育理论教学和实践教学中，不断积极地探索体育自身发展与未来社会需求相统一的未知领域。在健康教育体系中，人的生理、心理和社会三维的健康是一个不可分割的统一体。传统的健康教育和过去的身体教育一样，偏重从生物学角度研究人的生理健康或生物体能的提高，现在二者又转向从生物学和心理学两个方位研究增进人的身心健康。二者都有"社会的适应能力"的内涵，有人认为这一内涵就是个体在群体中为了生存与发展而进行的正常的互助、协作、交往和理解生存与发展的能力。这种能力可以促进个体主动适应社会，并与社会协调发展，这就是"社会健康"的基本内容之一。"社会健康"有广义和狭义之分，广义的社会健康是指采取科技与人文措施，抵制世界"公害"（自然与社会方面的）的增加、促进人类社会健康生存与发展；狭义的社会健康是指人类个体或群体能够具备关心理解、宽宏大量、互助与利他、团结协作的适应社会的能力。

（二）增加有助于培养学生体育能力的教学内容

过去，高校体育以运动技术教学为中心，注重运动型教育，忽略了体育方法教学，这对于培养学生终身体育能力、增进健康十分不利。现在应重视培养学生体育能力的新型体育教学，在不忽视运动技术（体育手段）

教学的同时，要十分重视体育方法教学（体育与健康相结合的方法）。体育方法教学对学生而言，包括学法、练法和健康养护法等。健康养护法是配合身体锻炼需要，合理的饮食、睡眠、卫生、心理调节等保健方法。加强体育方法教学，要求体育教师在教学中不仅要传授运动技术，而且要把运动技术的健身原理学法、练法和健康养护法等终身体育知识技能传授给学生。

（三）增加面向未来的教学内容

长期以来，高校体育教学内容以解决过去和现实体育问题为重点，未来的高校体育教学内容改革，应在探索中解决学生未来健身急需解决的问题。例如体育理论课不但要传授现实体育锻炼、养护的知识，而且要积极探索传授未来社会所需的相关内容，找到高校体育与社会体育的联结点。其中，理论教学可以比实践教学稍微超前，这样能预测未来社会发展对体育的新需求，真正使体育教学更加富有前瞻性。

第三节　高校体育教学模式的创新改革

一、目前高校体育教学模式存在的问题

（一）教学理念较为落后

目前我国高校体育教学依然保持着传统教学的特点，教学方式较为单一，授课方式比较传统，主要是教师首先做一些示范，然后由学生进行模仿练习。这种方式已经严重阻碍了新课程理念下教学模式的创新，因此要改进教学方式，注重教学方式的多元化，努力适应新形势下高校体育的教学理念，力求高校体育教学取得创新性效果。

（二）体育教学内容深度不够

众所周知，如果教学内容只是浮于表面，只做表面文章，那么教学内

容就无法深入。目前很多体育教材存在只注重表面技术的问题，只注重大容量，而忽视了教材内容的深度。一些体育教材只是简单介绍体育运动的形式，而不能充分体现体育精神、民族精神，不注重培养学生的终身体育意识。教材内容的深度不够，就无法达到学生学习体育的真正目的，也就很难培养学生的创新精神。

二、高校体育教学模式创新改革策略

（一）明确教学目标，突破传统教学思想束缚

只有在学习的过程中确定明确的目标，才能向着目标努力前行。同样，教师在教学过程中也必须树立明确的教学目标，抓住教学难点和重点，注重教学技巧。教师在向目标前进的过程中一定要冲破传统教学思想的束缚，摒弃一些旧的教学观点，大胆创新教学理念，勇于创新教学模式，将现代化元素引入课堂，使得体育课堂集娱乐、健身等于一体，遵循学生的个性发展规律，使学生在轻松愉快的氛围中取得进步。教师的教学目标不仅是培养学生的运动技巧、增加学生的专业知识，更重要的是培养学生的终身体育意识、提高学生的体育能力，帮助学生增强体质、提高综合素质，推动高校体育教学向着积极的方向发展。

（二）注重高校体育课程结构的优化

我国高校传统体育教学内容大同小异，千篇一律。各个高校大多按照统一的教育计划来制定教学目标，其教学目标也十分相似，此种方式的教学，严重束缚了学生创新精神的培养。要想实现高校体育教学的创新，必须实现高校体育课程结构的优化，在课程结构优化的过程中，要注重信息知识和技能技巧的创新。同时，也要将素质教育创新作为核心内容，努力做到使学生在提高自身身体素质的同时，提高自身的综合素质，促进学生的全面发展。

（三）注重教师素质水平的提升

要想实现高校体育教学的创新，在注重课程优化和教学目标制定的基

础上，提升教师的业务素质水平也非常重要。因此，相关部门和领导要注重教师师资队伍的建设，要大力引入具有创新性思维、授课方式较有个性的教师，鼓励教师积极参与体育教学科研项目，培养教师的科研精神。在科研过程中激发教师的创新能力，这样教师才能更好地在教学过程中培养学生的创新思维，实现高校体育教学模式的创新与改革。

（四）更新教育观念，树立创新意识

开展创新教育，不仅需要一定数量的教师，而且需要素质过硬的创造型教师。也就是说，没有一支具有良好素质的教师队伍，创新教育就不可能顺利进行。具有创造精神的教师，能够利用一切机会和条件激发学生的创造欲望，满足学生的心理需要，并能够不失时机、随时随地进行创造性素质培养。

现代心理学对创造心理的研究表明，创造力可以表现在人类的各种社会实践活动中，诸如身体运动、语言等方面，人们都可以有出色的发展和表现。因此，要真正承认学生有创造力，就要去发现学生的创造力，认识学生的创造力。传统教育以传授知识为核心，以培养熟练掌握书本知识的人才为目标，因此必然导致学生以教师、课堂、书本为中心，这不利于学生创造心理素质的培养。现代教育观以培养创新能力为目标，倡导以学生为主，积极引导学生勇于探索、积极思考，直至领悟知识的形成和发展规律，并在探究中培养学生的创新能力。以实践操作为主要手段的体育教学，要做到体育知识与运动实践的有机结合；教师应科学地设计教法，合理地选择学法，设计学生参与学和练的整个过程，努力创设贴近学生生活实际、适应社会需求的体育锻炼环境和运动训练项目；重应用、重实践，在应用和实践中培养学生的创新意识、创新精神和实践能力。

参考文献

[1] 林勇，李慧.高校体育教学新理念与方法研究 [M].长春：吉林出版集团股份有限公司，2024.

[2] 张娜.高校体育教学新理念与实践研究 [M].长春：吉林大学出版社，2016.

[3] 宋涛.高校体育教学新理念与实践探究 [M].北京：光明日报出版社，2016.

[4] 丁旭.高校体育教学新理念与方法研究 [M].北京：中国书籍出版社，2014.

[5] 谢丽娜.高校体育风险管理研究 [M].长春：吉林人民出版社，2020.

[6] 杨景元，董奎，李文兰.体育教学管理与教学现状 [M].长春：吉林人民出版社，2019.

[7] 谢明.高校体育教育理论探索与实务研究 [M].长春：吉林人民出版社，2020.

[8] 岳慧灵.体育课程运动处方教学模式 [M].长春：吉林人民出版社，2020.

[9] 曹宏宏.高校体育与健康课程教学实践改革研究 [M].长春：吉林出版集团股份有限公司，2018.

[10] 高立群，王卫华，郑松玲.素质教育视域下大学生体育教学改革研究 [M].长春：吉林人民出版社，2019.

[11] 贺慨.高校田径教学创新与课程改革研究 [M].青岛：中国海洋大学出版社，2019.

[12] 曹丹.体育健康与体育教育学研究 [M].天津：天津科学技术出版社，2018.

[13] 卢锋，柳伟，舒建平.休闲体育活动的项目设计、策划与管理 [M].成

都：四川大学出版社，2017.

[14]王崇喜，殷红，万茹，等.体育课程与教学改革研究[M].郑州：河南大学出版社，2014.

[15]蒋宁.传统与现代交汇下的体育教学改革探索[M].成都：西南交通大学出版社，2016.

[16]张玲，赵鸣.新时代高校大学生思想政治工作体系构建与质量提升[M].天津：南开大学出版社，2020.

[17]胡向红，王冰.体育教学改革与教师的理念转换[M].成都：电子科技大学出版社，2017.

[18]张正，吴宗喜.高校体育教学与人才培养[M].长春：吉林人民出版社，2022.

[19]孙琦林.高校体育教学与科学化锻炼研究[M].长春：吉林人民出版社，2023.

[20]谢宾，王新光，时春梅.高校体育教学与运动训练研究[M].长春：吉林人民出版社，2021.

[21]田应娟.当代高校体育教学改革创新与发展[M].长春：吉林人民出版社，2021.

[22]魏小芳，丁鼎.高校体育教学管理改革与模式构建探索[M].长春：吉林人民出版社，2022.

[23]王丽丽，许波，李清瑶.教育技术在高校体育教学中的实践探索[M].长春：吉林人民出版社，2021.

[24]李鑫，王园悦，秦丽.体育文化建设与高校体育教学模式研究[M].北京：中国纺织出版社，2019.

[25]马鹏涛.高校体育教学改革创新与科学化训练研究[M].北京：新华出版社，2018.

[26]周春娟.高校体育教学的影响因素分析与改革探索[M].青岛：中国海洋大学出版社，2018.